生活·讀書·新知 三联书店

王鼎钧作品系列

王鼎钧

《古文观止》化读

Simplified Chinese Copyright © 2020 by SDX Joint Publishing Company.
All Rights Reserved.
本作品简体中文版权由生活·读书·新知三联书店所有。
未经许可,不得翻印。禁止重制、转载、摘录、改写等侵权行为。

图书在版编目(CIP)数据

《古文观止》化读/(美)王鼎钧著.—北京:
生活·读书·新知三联书店,2020.4 (2024.11重印)
(王鼎钧作品系列)
ISBN 978-7-108-06601-5

Ⅰ.①古… Ⅱ.①王… Ⅲ.①古典散文-散文集-中国
②《古文观止》-研究 Ⅳ.① H194.1

中国版本图书馆CIP数据核字(2019)第091468号

责任编辑	饶淑荣
装帧设计	张 红 崔欣晔
责任校对	安进平
责任印制	董 欢
出版发行	生活·讀書·新知 三联书店
	(北京市东城区美术馆东街22号 100010)
网 址	www.sdxjpc.com
图 字	01-2019-5339
经 销	新华书店
印 刷	河北鹏润印刷有限公司
版 次	2020年4月北京第1版
	2024年11月北京第10次印刷
开 本	787毫米×1092毫米 1/32 印张11.75
字 数	179千字
印 数	68,001-76,000册
定 价	35.00元

(印装查询:01064002715;邮购查询:01084010542)

目 录

新版自序

1. 李白：春夜宴桃李园序 ················ 001
2. 王羲之：兰亭集序 ···················· 016
3. 苏轼：前赤壁赋 ······················ 032
4. 苏轼：后赤壁赋 ······················ 048
5. 苏轼：范增论 ························ 062
6. 苏轼：晁错论 ························ 076
7. 刘基：卖柑者言 ······················ 090
8. 柳宗元：捕蛇者说 ···················· 103
9. 范仲淹：岳阳楼记 ···················· 115

10. 宋濂：阅江楼记 ············ 128
11. 方孝孺：豫让论 ············ 143
12. 唐顺之：信陵君救赵论 ······ 157
13. 骆宾王：为徐敬业讨武曌檄 ·· 171
14. 韩愈：祭十二郎文 ·········· 188
15. 王守仁：瘗旅文 ············ 205
16. 袁宏道：徐文长传 ·········· 220
17. 刘基：司马季主论卜 ········ 237
18. 陶渊明：归去来辞 ·········· 251
19. 李白：与韩荆州书 ·········· 266
20. 李华：吊古战场文 ·········· 281
21. 杜牧：阿房宫赋 ············ 300
22. 韩愈：送孟东野序 ·········· 315
23. 王安石：泰州海陵县主簿许君墓志铭 332
24. 韩愈：讳辩 ················ 347

参考资料 ··················· 361

新版自序

那些年，我常常怀念我的中学生活，一心想为正在读中学的年轻人写点什么，我写的时候觉得与他们同在。我陆续写了五本书跟他们讨论作文，也涉及如何超越作文进入文学写作，这五本书在出版家眼中成为一个系列。现在，我重新检视这一套书，该修正的地方修正了，该补充的地方加以补充，推出崭新的版本，为新版本写一篇新序。

《作文七巧》

先从《作文七巧》说起。我当初写这本书有个缘起，有人对我说，他本来对文学有兴趣，学校里面的作文课把这个兴趣磨损了、毁坏了！我听了大吃一惊。

想当初台北有个中国语文学会，创会的诸位先进有个理念，认为文学写作和文学欣赏的能力要从小学、中学时代的作文开始培养，作文好比是正餐前的开胃菜，升学前的先修班。我是这个学会创会的会员，追随诸贤之后，为这个理念做过许多事情。早期的作文和后来的文学该有灵犀相通，怎么会大大不然？

我想，作文这堂课固然可以培养文学兴趣，它还有一个重要的任务，帮助学生通过考试，顺利升学，这两个目标并不一致，当年考试领导教学，在课堂上，老师可能太注重升学的需要，把学生的文学兴趣牺牲了。

那时候，沧海桑田，我已经距离中国语文学会非常遥远，不过旧愿仍在。我想，作文课的两个目标固然是同中有异，但是也异中有同，文学兴趣是什么？它是中国的文字可爱，中国的语言可爱，用中国语文表现思想感情，它的成品也很可爱，这种可爱的能力可以使作文写得更好，更好的作文能增加考场的胜算。

于是我花了三个月的时间写成这本《作文七巧》。记录、描绘、判断，是语文的三大功能，这三大功能用于作文，就是直叙、倒叙、抒情、描写、归纳、演绎，各项基本功夫。我从文学的高度演示七巧，又把实用的效果归于作文考试，谋求相应相求，相辅相成。我少谈理论，多谈故事，也是为了保持趣味，也为了容易记住。

有人劝我像编教材一样写《七巧》，但我宁愿像写散文一样写《七巧》，希望这本讨论如何作文的书，本身就是作文的模板。新版的《作文七巧》有二十五处修正，十九处补充，还增加了三章附录。

《作文十九问》

《七巧》谈的是最基本的作文方法，也希望学习的人层楼更上，对什么地方可以提高，什么地方可以扩大，做了暗示和埋伏。出版以后，几位教书的朋友为我搜集了许多问题，希望我答复，我一看，太高兴了，有些问题正是要发掘我的埋伏。我立刻伏案疾书，夜以继日，写出《作文十九问》，作为《作文七巧》的补述。

我追求文体的变化，这本书我采用了问答体。我在广播电台工作二十年，写"对话稿"有丰富的经验，若论行云流水，自然延伸，或者切磋琢磨，教学相长，或曲折婉转，别开生面，都适合使用这种体裁。问答之间，抑扬顿挫，可以欣赏口才，观摩措辞。当年同学们受教材习题拘束，很喜欢这种信马由缰的方式，出版以后，销路比《七巧》还好。如果《七巧》可以帮助学习者走出一步，《十九问》可以帮他向前再走一步。当然，他还需要再向前走，我在《十九问》中也存一些埋伏，留给下一本《文学种子》发挥。

为什么是十九问呢？因为写到十九，手边的、心中的问题都答复了，篇幅也可以告一段落了。那时还偶然想到，古诗有十九首，"十九"这个数字跟文学的缘分很深。有人说，你这十九问，每一问都可以再衍生十九问。我对他一揖到地，对他说：够了，咱们最要紧的是劝人家独自坐下来写写写，从人生取材，纳入文学的形式，表现自己的思想情感。求其次，希望咱们的读者对文学觉得亲切，看得见门径，成为高水平的欣赏者。学游泳总得下水，游泳指南，适可而止吧。

《文学种子》

这一本，我正式标出"文学"二字，进"写作"的天地。那时候，写作和作文是两个观念，我尝试把作文的观念注入文学写作的观念，前者为初试啼声，后者为水到渠成。在《文学种子》里面，我正式使用文学术语，提出意象、体裁、题材、人生等项目，以通俗语言展示它的内涵。我重新阐释当年学来的写作六要：观察、想象、体验、选择、组合、表现，指出这是一切作家都要修习的基本功夫，我对这一部分极有信心。必须附注，这本书只是撒下种子，每一个项目都还要继续生长茎叶，开花结果。

那时候，文艺界犹在争辩文学创作可教不可教、能学不能学。

我说"创作"是无中生有,没有范文样本,创作者独辟蹊径,"写作"是有中生有,以范文样本为教材,可以教也可以学。当然,学习者也不能止于范文样本,他往往通过学习到达创作,教育的结果往往超出施教者的预期,这就是教育的奥秘。

我强调写作是拳不离手,曲不离口。写作是师父领进门,修行在个人。夸夸其谈误写作,知而不行误写作,食而不化也误写作。一个学习者,如果他对《作文七巧》和《作文十九问》里的那些建议,像学提琴那样照着琴谱反复拉过,像学画那样照着静物一再画过,应该可以顺利进入《文学种子》所设的轨道,至于能走多远,能登多高,那要看天分、环境、机遇,主要的还是要看他的心志。

本来《作文七巧》《作文十九问》《文学种子》这三本书是一个小系列,当时的说法是"由教室到文坛"。但是后来出现一个议题,即现代和古典如何贯通,于是这个小系列又有延伸。

《〈古文观止〉化读》

那些小弟弟小妹妹,先读小学,后读中学,小学的课本叫"国语",全是白话,中学的课本叫国文,出现文言。他们从"桃花谢了,还有再开的时候",突然碰上"学而时习之,不亦说乎"!

这条沟太宽,他们一步跨不过去,只有把文言当作另一种语言来学。白话文是白话文,文言文是文言文,双轨教学,殊途不能同归。

当然,由中学到大学,也有一些人打通了任督二脉,但是从未读到他们的秘籍,好吧,那就由我来探索一番吧。恰巧有个读书会要我讲《古文观止》,我当然要对他们讲时代背景、作者生平,讲生字、僻词、典故、成语,以及文言经典的特殊句法,我也当众朗读先驱者把整篇古文译成的白话。大家读了白话的《赤壁赋》《兰亭序》,当场有人反映:这些文章号称中国文学的精金美玉,怎会这样索然无味?它对我们的白话文学有何帮助?是了,是了,于是我推出进一步的读法。

我们读文言文,目的不止一个,现在谈的是写作,我们对《古文观止》的要求自有重点。现在我们读《赤壁赋》,不从东坡先生已经写成的《赤壁赋》进入,要从东坡先生未写《赤壁赋》的时候参与:他游江,我们也游江;他作文,我们也作文;他用文言,我们用白话。文言有单音词、复音词,看他在一句之中相间使用,我们白话也有单音词、复音词啊!文言有长句,有短句,看他在一段之中交替互换,我们白话也有长句有短句啊!看他文章开头单刀直入,切入正题;看他结尾急转直下,戛然而止;中间一大片腹地供他加入明月,加入音乐,加入忧郁,加入通达,奔腾驰骤,淋漓尽致。这也正是我们白话文学常有的布局啊!他是在写文言文吗?我几乎以为他写的是白话呢!我写的是白话文吗?我几乎以为是文言呢!

本书书名一度叫"演义"我说,这叫"化读",大而化之,食而化之,化而合之,合而得之。撰写期间,曾蒙好友宣树铮教授、杨传珍教授提供修改意见。出版后,得到一句肯定:古典文学和现代散文之间的桥梁。

《讲理》

这本书完全是另外一个故事。只因为那时候升学考试爱出论说题,那些小弟弟小妹妹急急忙忙寻找论说文的作法,全家跟着患得患失。那些补习班推出考前猜题,预先拟定三个五个题目,写成文章,要你背诵默写,踏进考场以后碰运气,有人还真的猜中了,考试也高中了。每年暑期,那些考试委员和补习班展开猜题游戏,花边新闻不少。

为什么同学们见了论说题作不出文章来呢?也许因为家庭和学校都不喜欢孩子们提出意见,只鼓励他们接受大人的意见,也许论断的能力要随着年龄增长,而他们还小。我站出来告诉那些小弟弟小妹妹,你们的生活中有感动,所以可以写抒情文;

你们的生活中有经历,所以可以写记叙文;你们的生活中也产生意见,一定可以写论说文。

为此我写了《讲理》,为了写这本书,我去做了一年中学教员,专教国文。教人写作一向主张自然流露,有些故事说作家是在半自动状态下手不停挥,我想那是指感性的文章。至于理性的文章,如论说文,并没有那样神秘:它像盖房子一样,可以事先设计;它像数学一样,可以步步推演。你可以先有一个核,让它变成水果。

这本书完全为了应付考试,出版后风行多年,直到升学考试的作文题不再独尊论说。倒也没有人因此轻看了这本书,因为我在书中埋伏了一个主题,希望培养社会的理性。现在重新排版,我又把很多章节改写了,把一些范文更换了,使它的内容更靠近生活,除了进入考场,也能进入茶余饭后。它仍然有自己的生命,因此和《七巧》《十九问》等书并列。

这本书的体例,模仿叶绍钧和夏丏尊两位先生合著的《文心》,在我的幼年,他们深深影响了我,许多年后我以此书回报。感谢他们!也感谢一切教育过我的先进。

1. 李白：春夜宴桃李园序

春夜在桃李园里举行宴会，大家饮酒作诗。序，放在诗的前面，说明背景和缘由。

这篇文章的题目，也作《春夜宴诸从（cóng）弟桃李园序》，从弟，堂兄弟，同一祖父。据说李白兄弟中无诗人，唐朝皇帝李氏与李白同一远祖，所以李白在社交中常常同唐宗室子弟联宗，以从兄弟、叔侄或祖孙相称，自己居于较低的辈分。这是他"融入主流"的手段，早期的李太白也曾有一番抱负，很懂世故人情，知道怎样在权贵之间求发展。后来才"痛饮狂歌空度日，飞扬跋扈为谁雄"，"钟鼓馔玉不足贵，但愿长醉不复醒"。

春，一年中最好的季节；桃李园，春天最好的地方；

宴会，生活中最好的节目。

松竹梅岁寒三友，桃李杏春风一家，桃李，春天植物的代表。

我介绍过写作六要，其一是选择：春天动物你选择什么？燕子？蝴蝶？春天的人物你选择谁？三十年代，你可能选农夫；今天，你可能选择放风筝的女孩。春天的交通工具，你选择哪一项？唯美主义者可能选花轿，浪漫主义者可能选飞机。

春夜宴桃李园，诗人选择了作诗最好的题材，发抒情感、呈露才华最好的机会。单看题目就花团锦簇，一年好景君须记。

晋唐人的生活令后人羡慕，他们在物质上、心灵上都达到一定的高度。某教授著书，《中国人是什么样的人》，即以晋唐为模型。当然，这种典型受到革命家挞伐。我们读古文，把它当文学的营养品消化运用，从艺术着眼，其他姑置不论。

李白，唐代大诗人。出生地有争论，一般认为他在甘肃天水的秦安出生，曾在四川江油、湖北安陆等地居住。秦安在中国古代是个重要的地方，李广、苻坚都是秦安人。

四川江油在绵阳附近，物产丰富，李白留下许多遗迹，现在有一座很大的李白纪念馆。湖北安陆在孝感附近，产银杏出名，李白在这里结婚。

李白宴客的桃李园，有人说在湖北安陆，有人说在河南临汝，后来"春日桃园"列为汝州八景之一。

李白三十岁入长安，四十二岁得玄宗赏识，任"待诏翰林"，为杨贵妃作"清平调"，再一年失宠放还。安禄山造反，玄宗逃入四川，永王璘起兵争位，李白入幕。永王兵败，李白被捕，这时他已五十七岁。出狱后依大书法家李阳冰维生，六十二岁逝世，传说他在船上饮酒，醉后捉水中的月亮，淹死。

李白的诗和杜甫并称，"李杜文章在，光芒万丈长"，备受后世推崇，有学问的人说，李代表浪漫主义，杜代表写实主义，后世学诗的人，不归李，就归杜。李白散文传世者三十六篇，《古文观止》收两篇，比例很高，除了这篇序，还有《与韩荆州书》。李诗杜诗优劣难定，在散文方面，李白超过杜甫很多，最难得应酬文字也能留传不朽。

"梦笔生花"和"只要功夫深，铁杵磨成针"都是李白留下的掌故。也有人说，第一个遇见老婆婆磨铁杵的人是孙膑。李白最难得的遭遇是他救了郭子仪,后来郭子仪又救他。开元年间,李白游太原,掌军政大权的太原府尹接待他。他看见一个下级军官因运粮误期,正要处决,就向府尹说情。这个绝处逢生的下级军官就是郭子仪。后来郭子仪成为名将,而李白因附和争夺帝位的永王璘,以"附逆"论罪,郭子仪向皇上以身家性命担保,才免除李白重刑。

....

夫_{发语词}**天地者,万物之逆旅**_{旅馆}**;光阴者,百代之过客。**

"夫",发语辞,表示要开始说话,多半是要发议论。者,虚字,表示语气的变化。夫、者、之,没有这三个字仍然可以表达原来的意义,只是影响了语气节奏。现代的白话文学一样讲究节奏。

天地,天下地上;世界,世界是一座大旅馆。逆,反方向,旅馆派人出来迎客,和客人行进的方向相反,反方向始能相遇。天地是一个迎接万物临时存留的地方。一个巴掌拍不响，两个巴掌向同一方向拍也拍不响。有人说，如果一连几天没有人打电话给你，那就表示到了你打电话出去的时候了。

旅馆只能暂住，"阁中帝子今何在""黄鹤一去不复返"，他们都是来住旅馆的。

光阴，时间。"立天之道，曰阴与阳。"人对天象最初的印象可能是明暗，称时间为光阴，光，明也；阴，暗也。昼夜轮替，如一拨一拨行人，拟人化的说法。

另一说法：光阴指寿命，百年一代，或三十年一代，代代在天地大饭店住过。

"弃我去者，昨日之日不可留"，时间的小鸟为什么一去不回呢？他是过客，不是归人。

物质有体积，着重空间感，所以说"逆旅"；生命有长短，着重时间感，所以说"过客"。这是达观，不是悲观，他没说天地是殡仪馆，等着收尸；时间是流沙，埋葬一切。

李白这篇小序，有许多句子两两并列，互相对称，意义则向前延伸，叫作"对仗"。像开头两句，天地对光阴，万物对百代，逆旅对过客，写出生死、兴亡、成毁等历史发展，就是对仗。

为什么叫对仗呢？古代的仪式往往由两人一组来举行，大场面仪仗队左右两列排开。有一种文学形式，文句分两联，上联与下联字数相等、句法相似、平仄相对。此外，词语应两两对应。比方说以名词对名词、动词对动词、数量词对数量词、形容词对形容词，所以称为对仗。这是方块字的特性，中国文学的特色。

唐以前，六朝魏晋盛行骈体文，把方块字的特性、中国文学的特色发展到极致。骈体也叫骈俪，骈：两马并驾，两马并行，两物并列，两句对偶；俪：两人成双，夫妻成对，两句相对。"本格"的骈体文几乎从头到尾全用对仗构成，李白这篇小序，还有王羲之的《兰亭集序》、欧阳修的《秋声赋》、苏轼的《前赤壁赋》，散句和偶句交错，算是受了骈体文影响的"古文"。

李白风格，奔放自然，不喜拘束，律诗很少。骈体文与律诗都是"戴着脚镣跳舞"，李白此时在严格拘束中表现得潇洒自由，形式完全没有妨碍他。艺术就是接受限制，战胜限制，他办到了，人生也是接受限制，战胜限制，他没成功。

而浮生人生**若梦**，为欢几何多少？**古人秉**拿着**烛夜游，良**的确**有以**理由，原因**也**。

而，转。浮生，生命漂浮，无根，无定，无自主能力，无远见。昔人悲叹身世，"一世杨花二世萍"。

几何，多久。欢乐少兮哀愁多，盛会不长，盛宴难再。花无长好，月无长圆。多少？一生开口笑几次，夜眠不过七尺，酣饮不过满腹，能看多远，能听几场。

这样的人生，产生各种生活态度。例如"少壮不努力，老大徒伤悲"，例如"人生行乐耳，须富贵何时"。李白透露的信息偏向后者。古诗曰："昼短苦夜长，何不秉烛游。""游"，游玩、游戏、游动。由于精力过剩，白天没玩够，夜晚还要玩，所以夜游。"秉烛"在这里只是一个典故。李白夜宴所谓"秉烛"，已非手中举起一根蜡烛，而是园子里几十盏灯笼，屋子里几十支烛台，仿佛正月十五元宵节的样子。

李白这篇短序，处处围绕"春夜宴诸从弟桃李园"这个题目下笔，谓之"扣题"，今人的白话文学，也讲究"扣题"。秉烛夜游，扣紧"夜宴"。古诗是说生命短促，行乐唯恐不及时，李白借用。后来的诗人说："青莲教我秉烛游，未知教我游何处。"再度借用，变化延长。古人没有今天的夜生活，今人有。如何选择呢？看电影；散场以后呢？打弹子；打烊以后呢？进赌场；赌输了以后呢？吃宵夜；吃饱了以后呢？何处可以抵挡生命的空虚！这种从古典发展出来的变化延长，也是白话文学的一门功课。

况阳^暖春召我以烟景^{美景}，大块^{大地}假^借我以文章。会桃李之芳园，序天伦之乐事。

况，再转。

古人认为春天阳气上升，三阳开泰。春天的风景似在烟雾之中，美得不真实，美得不确定，古人用"地气"来解释。在这里，李白扣紧题目里的"春"字。

大块，地球，最大的一块土，到处都有文学题材，尤其是春天的桃李园。也有人说大块是大自然，自然美景本身就是文章，张潮说："文章是案头之山水，山水乃地上之文章。"

文，虎皮花纹。章，条理，篇幅。桃李花木都是有条理的一片花纹。诗词歌赋都是文字编织的一片花纹。古人"文章",可以包括诗,"李杜文章在,光芒万丈长",指李白、杜甫的诗。在桃李园饮酒作诗,大自然宠诗人,怂恿诗人,把文章送上门来,扣紧题目里的那个"序"字。

天伦,五伦的秩序和感情出乎人的天性,兄弟聚会乃人生乐事,扣紧题目中的"从弟"。

群季俊秀,皆为惠连谢惠连**;吾人咏歌,独惭康乐**谢灵运。

文章开头,铺展天地光阴的大远景。然后换中景,具体呈现春天的花园。接下来以花园为背景,介绍现场人物,仿佛近景及特写,层次井然。

古人以伯仲叔季排行,"季"最后、最小。据说李白此时三十三岁,参与宴会者都比他年轻,看来他还没有能力召集更资深、更有声望的人。

谢灵运,南朝刘宋时代的大诗人,后来袭封康乐侯,李白在这篇文章里称他为"康乐"。谢灵运的族弟谢惠连也是有名的诗人,和谢灵运并称"大谢小谢"。李白说在座的这些年轻老弟都是谢惠连,我这个老大哥不是谢灵运。标准的做主人的台词。这一段扣紧题目中的从弟。

幽雅,静**赏未已**未尽,**高**水平高,声高**谈转清**清谈,无世俗恶浊。**开琼**精美**筵以**连接词**坐花,飞羽觞**酒杯**而醉月**。

宴会开始,场景由静而动。宾客陆续入场,先是散布各处,静静地赏花,入座以后,高谈阔论。等到开席上菜,镜头净是举杯畅饮了。

由游园到坐定,由幽赏转为高谈,由高谈转为清谈,分阶段记下宴会的实况。

转清,越谈越叫人远离俗虑,进入心旷神怡之境。世俗宴会多半越谈越向下走,口舌是非,隐私秽闻。尤其是闹酒,只能用"不堪"来形容。李白抬高了宴会水平。

高谈,飞觞,扣题目中的"宴"字。坐花,坐在花间,扣题目中的"桃李"。醉月,扣题目中的"夜"字。

觞,酒器,有双耳如羽翼。飞觞,传盏如飞。章回小说用"酒到杯干"来形容,很传神。

坐花，醉月，可解释为醉于月下，坐于花间。也可解作为月而醉，因花而坐。还可解释为与月同醉，与花同坐。这是文字的密度与弹性，白话文中少见，但新诗中常有。

字数虽少，读来感觉确有宴会存在。

不有佳咏，何伸雅怀？如诗不成，罚依金谷酒数。

佳作，各位的诗一向都是好诗。主人的台词。

又，美景琼筵，幽赏清谈，这个环境产生好诗，又到了你们写出好诗来的时候。

雅怀，诗言志，志者心之所之也，写思想感情。各位的思想感情超出一般凡俗的人，若不写诗表现出来，外人、后人怎么知道？

好，现在开始，一炷香的时间。如果写不出来呢……

金谷，地名，位于河南省洛阳县西。晋代石崇建金谷园于此。他是富豪，经常在园中举行超级大宴，对不写诗的人罚酒三斗，三斗也就是三杯。世俗游戏规则，赢的人得到，输的人失去，只有在喝酒的时候相反，有人说人的交情"喝酒越喝越厚,赌博越赌越薄"。

石崇,晋武帝、惠帝时人,有战功,做大官,他一面贪污,一面成立"特种部队"出外抢劫商旅,累积了巨大财富。有学问的人说,晋代商业发达,所以能产生这样的富豪,而且不止一人。

石崇留下一些"斗富"的故事,人家做饭烧桂木,他做饭烧蜡烛;人家在门外大路上四十里以内用丝编成屏障,他家门外五十里以内以绸缎为屏;人家拿两尺多高的珊瑚给他看(那珊瑚还是皇上赏赐的呢),他拿起铁如意打碎了,拿出四尺高的珊瑚赔偿。行为这样狂妄,怎么能寿终正寝,终于被权臣孙秀害死。郑板桥说他并不是打碎了珊瑚,而是打碎了他自己。

石崇在中国文学作品里留下典故,除了"金谷园",还有"绿珠"。绿珠是他的一个侍妾,出了名的美女。权臣孙秀向石崇要人(那时候,婢妾都是可以当礼物送人的),石崇断然拒绝。后来孙秀罗织罪名,派兵捉拿石崇,石崇正在楼上宴客,官兵包围了那座楼。石崇对绿珠说,我是为了你,才有今天的结局。绿珠说,我用死来报答。说完,她立刻从楼上跳下去,自杀了。后来的文人都很同情绿珠,连带觉得石崇这个人也还不赖。绿珠入诗,诗人咏落花,"明妃曲唱离乡日,金谷魂销坠地时"。还有"落花犹似坠楼人",都使用了绿珠的形象。

晋人的思想潮流是享受人生,李白犹可,石崇就走火入魔了。

《春夜宴桃李园序》造句骈散交错和内容重点如下:

夫(发语辞)
天地者,万物之逆旅
光阴者,百代之过客(偶句)
而(转)
浮生若梦
为欢几何(偶句)
古人秉烛夜游,良有以也(散句)

以上五句说明"为何",引入主体。

况(转)
阳春召我以烟景

大块假我以文章(偶句)

会桃李之芳园

序天伦之乐事(偶句)

群季俊秀,皆为惠连

吾人咏歌,独惭康乐(偶句)

幽赏未已,

高谈转清。(偶句)

开琼筵以坐花,

飞羽觞而醉月。(偶句)

不有佳作,

何伸雅怀?(偶句)

如诗不成,罚依金谷酒数。(散句)

(以上十三句说明"如何",是此序的主体,占最多字数)

序中每一句都围绕着题目发展,紧密圆润,如一颗颗晶莹的明珠,而笔势一转再转三转,宛如珠走玉盘。文章以"主题"为中心,主题不恒等于题目,李白此序的主题和题目恰好一致,省却许多解释。"做"文章就是发挥主题、组成主题,对主题既有离心力,也有向心力。没有离心力,文章如湿手抓面;没有向心力,文章就成了无缰的野马。李白此序,维持了离心力和向心力的均衡,由圆心延伸半径,围绕圆心画成圆周,在这方面是难得的范本。

古人读古文是要学习它的语言,我们不是。古人读圣贤书,为了遵循书中的思想,我们也不是。今人,尤其是爱好写作的人读古文,最大的企图是吸收他们的技法,追慕他们的风格,锻炼自己的作品。所以读古文要能"化",否则读了许多古文以后,白话文反而更不通顺。

2. 王羲之:兰亭集序

兰亭,地名。王羲之和一伙名人文士在这里集会作诗,把这些诗编在一起,由王羲之写序,跟李白写《春夜宴桃李园序》情形相似,他们的两篇序文可以对照阅读。

王羲之,晋人,大书法家,后人尊为"书圣"。他的家族本来住在琅玡(今山东临沂),琅玡王氏是大族。晋朝衰败,北方少数民族兴起,晋朝的皇帝一再被俘,有的被杀。北方无主,琅玡王司马睿在建康(今南京)即位,北方的精英大规模过江迁徙,称为"衣冠南渡"。

长江下游之南,我们说江南,史书称江左,古人在地理上以东为左,以西为右。据说是因为政治中心长期在北方,迁就江北的视线。张大千画《长江万里图》,就把上游发源画在画卷的右边,下游入海画在左边,据说就是遵照这个惯例。也称江东,项羽八千子弟起江东,长江自西而东,到了安徽,河流的方向偏北,有一片土地在长江之东,所以晋室南渡也叫东渡,史称东晋,称东渡以前的晋朝叫西晋。

琅玡王家家世辉煌,王羲之曾祖、祖父、父亲、他自己都做过大官,东晋时与谢安一族并称"王谢",后来"王谢"成为豪门望族的代称。

王羲之留下很多典故。当时东晋有一大臣,名叫郗鉴,他想在王府子弟中选婿,派人前往观察。王府子弟都规规矩矩对待郗鉴派来的这位使者,唯独王羲之躺在东床上,而且露出肚子。使者回去报告所见,郗鉴选中了王羲之。因此女婿被称为"东床",后世用"东床坦腹"形容名士作风,或是用"东床快婿"称赞女儿嫁给好人家。

王羲之爱鹅成癖,传说他喜欢观察鹅游水时鹅掌的动作,以提高自己的书法用腕技巧。也有人认为他是观察鹅游泳的姿态和波纹,体悟行书的线条之美。山阴有一道士,希望王羲之能为他抄写一部《黄庭经》,他精心饲养白鹅,赠予羲之,再提出写经的请求,王羲之答应了。后来这部《黄庭经》又被称作《换鹅帖》。

《晋书·王羲之传》说，王羲之爱鹅，他听说会稽有个独居的老太太养了一只鹅做伴，这只鹅的叫声很好听，王羲之派人去想买过来，老太太不卖。有一天，羲之亲自去拜访这位老太太，看她家的鹅，老太太听说贵宾临门，心情紧张，惭愧自己没有能力好好地款待，就把这只心爱的宠物杀了，王羲之驾到，老太太端上一盘鹅肉。

永和九年东晋穆帝年号，**岁在癸丑**天干地支组合纪年。**暮春之初**三月三日，**会** huì **于会** kuài **稽**郡**山阴**县**之兰亭，修**举行**禊** xì **事**水边洗濯，驱逐不祥**也**。

癸丑：癸，十天干之一；丑，十二地支之一。干支组合纪年，每六十年一个周期，称为一甲子。

"修禊"是古老的风俗，大家到水边洗濯"去除不祥"，本是提倡郊游健身，为了使之成为公共活动，加入了神话的成分，便于发动大众。端午提倡卫生，重阳提倡健行，也都加入了神话。到了文人名士手中，诗酒当然是必有的项目。

"禊"有春禊、秋禊之分，春禊在三月上旬巳日举行，古人也用天干地支纪月纪日，"巳"是十二地支之一，三月上旬必有一个巳日，但每年未必在同一天，就像美国的母亲节定在每年五月的第二个星期日一样。到王羲之兰亭修禊的时候，春禊已固定在三月三日，所以他说"暮春之初"。

东晋穆帝永和九年三月三日，王羲之与孙绰（诗人、书法家）、谢安（军事家、政治家）、王蕴、支遁（高僧）等名士，及其子王凝之、王徽之等四十一人，一同到会稽山阴（今浙江绍兴）兰亭的水边消灾求福，饮酒赋诗，本文即是为宴集赋诗所作的序。

暮，日在草中，表示太阳在西方地平线上一天最后的时光，引申，一年将尽、一生将尽都可称暮。暮春，春天最后一个月，一月孟春，二月仲春，三月季春，亦称暮春，九月亦称暮秋。未见暮夏暮冬，有夏暮冬暮。

这篇文章以记叙开始，记事五要素：何人、何事、何时、何地、何故，都交代清楚，简明生动。现代新闻记者所受的基本训练，要在新闻开头具备这五个要素，称为5W，想不到王羲之已老早做了示范。

若单纯为了叙事，"永和九年"一句就够了，再加一句"岁在癸丑",这是骈体句式,后面还有许多相似的句子并列对称,这样写可以造成开阔的气象(想想京戏,一个青衣后面跟着一个丫鬟,或一个太守两边四个龙套,气势不同)。本文篇幅虽小,格局却很大,跟这种形式有很大的关系。

群贤毕全**至,少长** zhǎng **咸**皆**集。此地有崇山峻岭,茂林修**长**,高竹;又有清流激湍**水流很急**,映带左右。引以为流觞曲水,列坐其次;虽无丝竹管弦**乐队演奏**之盛,一觞**酒杯,喝酒,劝酒**一咏**吟诗,亦足以畅叙幽**内心**情。**

修禊的现场风景很好,成语"应接不暇",本是形容山阴的风景太美太多,叫人来不及看。后来引申使用,指要应付的人、要对付的事太多,忙不过来。

在这里,"修"的意思是"长",与短相反。"修",饰也,本义是用线条构成图案作装饰,线条形状很长,引申出"长"的意思来。修竹,竹林很高。

曲水,挖掘水沟,引导流水弯曲环绕。流觞,各人分坐于曲水之旁，把一杯酒又一杯酒放在水上，酒杯顺流而下，流到谁面前谁就拿起来喝。他们一边喝酒一边作诗。

"觞"：酒杯叫觞，杯中有酒（一杯酒）也叫觞，劝人饮酒也叫觞。一觞一咏是个很热闹的场面，喝酒，劝酒，一句一句地作诗，一句一句念出来听，一面念一面修改，念自己刚写成的诗，也念别人刚写成的诗，不需要音乐助兴。

丝，弦乐器；竹，管乐器；管，管乐器；弦，弦乐器。音乐演奏以管弦为主。丝竹管弦重叠，表示大乐队，故曰"之盛"。

杯中有酒，如何能在水中漂浮？牵涉酒杯的造型和质料，古代的酒器可能用兽角，觞、觥，都从角。后来用铜，形状如斗，历史上有用"斗"打死人的记录。后来用瓷，这些酒杯都很难浮起来。

有人说，曲水流觞用的酒杯是漆器，杯形扁平，两边有翅，增加浮力。有人说酒杯放在荷叶上，不知"暮春之初"荷叶有多大？晋以后有人用木杯，什么木料不影响酒的色香味？我们不知道的事情太多。

幽情：幽雅，非一般人可懂；幽深，不能随便说出来。

情,真实;幽情,内心深处的真实。酒后用诗说出来,畅快。

修禊之乐,得地利人和。

是日也,天朗气清,惠和暖**风和畅;仰**抬脸**观宇宙之大,俯**低头**察品类**种类、等次**之盛;所以游目**任意移动**骋**畅快敞开**怀,足以极**高度充分**视听之娱,信**确实、诚然**可乐也。**

四方上下曰宇,古往今来曰宙。有庄严神秘感,故曰仰。动植矿物都在地上,人为万物之灵,出乎其类,故曰俯。

修禊的快乐,得天时。

以上叙事,以下发抒感想,前为引子,后为主体。所记之事修禊不重要,由修禊而生的思考才是文章的主体。

夫发语词**人之相与**相互交往**,俯**低头**仰**抬头**一世,或取诸**之于**怀抱**心中见解**,晤**见面**言**交谈**一室之内;或因**借着**寄**放上去**所托**事物**,放浪**不受拘束**形骸**身体、形迹**之外。**

俯仰，有时低头看人，有时仰脸看人，有时低姿态做事，有时高姿态做事。人之浮沉穷通，不过俯仰两种姿势变化而已。

俯仰也可以表示时间很快，转眼之间，不旋踵间。

"因寄所托"，就是借着外在的事物承载内心的激情，抒散精神上的压力，王羲之为经营偶句如此构词。有人在气味相投的人中间求了解共鸣，有人向外求寄托，不在乎亲朋感受。做人有社会认可的行为模式，这些模式规范人的言语表情肢体动作，即使自己不愿意，也得装模作样，所以称为"形骸"。有人索性超越了模式，废弃了模式，以恣情任性表达他的内在，故曰"形骸之外"。

放浪形骸，王维描写一位崔居士："科头箕踞长松下，白眼看他世上人。"刘伶酒壶不离手，命家中僮子扛着挖土的工具跟在身旁，"死便埋我"。

<u>虽趣</u>取舍万殊，静躁动不同；当其欣于所遇，暂得于己，快然自足，不知老之将至。

取见解爱好相同者，舍相异者。晤言一室之内，静态，放浪形骸之外，动态，各人目标不同，奔赴目标时行动也不同。得之则喜，人人相同。

王羲之指出，人的个别现象非常有分歧，不可胜记。经过归纳，人的共同现象可以一语道破。自此以下，他尽量就"共同性"做文章。

及到了**其所之**往**既倦，情随事迁，感慨系**紧接着**之矣**。

叔本华说，人生有两大痛苦，一个是得不到，一个是得到了。快乐不能持久，人的注意力不能长期贯注于一点上，大脑善变，满足生厌倦，厌倦生痛苦。好花何妨朝朝艳，明月长教夜夜圆，即使能成为事实，世界也会变得很乏味。人人希望长寿，如果他活到两百岁，朋友都死了，儿孙都死了，他岂能快乐？如果人人都活两百岁，全世界都是龙钟老人，景象是不是很恐怖？

一切事物都在变化，千里搭长棚，天下没有不散的筵席，纵千万遍阳关，也则难留。如果明月使你快乐，月缺怎么办？如果花开使你快乐，花谢怎么办？如果朋友使你快乐，朋友辜负你怎么办？革命家有思想上的快乐，革命成功政权腐化怎么办？只有感慨（付之一叹），感慨发生，快乐退位。

向以往**之所欣**，**俯仰之间**时间短暂，**已为陈**旧**迹**，**犹不能不以**因**之兴**发生**怀**感慨**；况修**长**短随化**自然变化，**终期**可以预料**于尽**完，竭。**古人云："死生亦大矣。"岂不痛哉！**

曲终人散，尚且感触很深，何况生命异灭。

晋大司马桓温北征，经金城，见前时种柳，皆已十围（围，两手的拇指和食指围绕），慨然曰："木犹如此，人何以堪！"攀枝执条，泫然流泪。

无人能越过死亡一关，纵有千年铁门槛，终须一个土馒头。一切都是五十步与百步。没有最后的笑，只有最后的泪。

以上是王羲之因修禊而思考生命的意义。

每览看**昔人兴感**触景生情，因情生文**之由**起因和发展,**若合一契**投合,约定;**未尝不临**对着**文嗟**叹**悼**伤感,**不能喻**谈清楚,说明白,没事了**之于怀**心中。

读前人的诗,诗中的感情总是"没有快乐,寻求快乐,享有快乐,失去快乐",每个人的诗大致相同。

契,古人在木板上写字立约,在木板一边刻出凹凸,两块木板可以相合,两人各执一半。履行合约时,两块木板合并。

事先追求快乐,辛苦;事后回忆快乐,感伤。古今诗人都陷入此一网罗。

固本来**知一**没分别**死生为虚**不实**诞**不正经,**齐**长短相同**彭**长寿**殇**短命**为妄**胡乱**作**说法。**后之视今,亦犹**正如**今之视昔,悲夫!**

"一死生":庄子认为生死都是"气"的流转变化(正如冰和蒸汽都是水分的流转变化),他看"死生存亡为一体","生也死之徒,死也生之始"(如果把气改成灵魂,那就是宗教了)。王羲之认为这种说法不严肃、不负责任

(后来道家出现一种生活态度,游戏人生)。

"齐彭殇":彭祖,尧时人,受封于大彭,今江苏徐州,徐州称彭城。彭祖自尧帝起,历夏朝、商朝,活到周朝,八百岁。娶妻四十九,生子五十四。

未成年夭折曰"殇",二十岁成年。

八百岁和二十岁,寿命长短差别很大。但是长短从比较产生,人类的历史六百万年,地球的寿命四十六亿年。管你夭也好、寿也好,跟六百万年相比,跟四十六亿年相比,二十和八百之间的那点差距简直等于没有。王羲之认为这话是乱说。

王羲之说,我们今天看从前的人,有这种感伤,将来的人看今天的我们,也会有这种感伤。"后之视今,犹今之视昔",名句,今天仍然不断有人引用。杜牧在《阿房宫赋》结尾的三句话:"秦人不暇自哀而后人哀之,后人哀之而不鉴之,亦使后人而复哀后人也。"和王羲之的这两句似乎有因果关系,这种现象古人叫"脱胎",我们今天读古文,要能从古文中脱胎。

王羲之认为人生是个悲剧。悲剧中的人物自己知道结局,仍要一步一步走下去,不能脱身,观众知道剧中人的结局，只能眼睁睁看下去，帮不上忙。《红楼梦》一开始就把许多人的命运唱出来、画出来，所以"红楼"是大悲剧。

王羲之能够享受人生，看得很开，但事后总是很失落、很无奈，因没有最后救赎，饮酒享乐作诗只是阶段性的救赎。

以下恢复记事，并作结束。严格地说，此文的文体并不统一，头尾叙事，中间抒情议论，一般作家这样写，文章可能断成两截。此序叙议融洽无间，浑然一体，了不起。

故列一个一个**叙时**当时在场**人，录其所述**作品**，虽世**时代**殊事**个人遭遇**异，所以兴怀**刺激反应**，其致**发生和发抒**一也。后之览**读**者，亦将有感于斯**这些**文。**

最后说明宗旨，大处落墨，超出修禊。今天把这些人的诗编集起来，给后人看。虽然后人的环境遭遇和今人不同，但文学表现人性，古今中外人性相同，作品的内涵自有相通之处。文学艺术不受国界、种族、时代限制，前代吟咏，后世共鸣。

王羲之道出文学作品既要有特殊性，又要有普遍性。

一代有一代之文学，一人有一人之文学，宋词不能代替唐诗，李白不能代替杜甫，杜甫的"三别"不能代替《秋兴八首》，秋兴中的"香稻啄余鹦鹉粒"不能代替"东来紫气满函关"，这是特殊性。文学作品诚于中，形于外，修辞立其诚，言为心声，古今一致。今人可以与远古作家同其悲欢，今人的作品可以留待后世知音，这是作品的普遍性。只有特殊性，流传不远；只有普遍性，流传不久。

全文时骈时散。首尾文气舒缓，用散文句法，中间张力饱满，气象开阔，用了许多骈文句法。

东晋维持了五十二年，偏安，国运岌岌可危，《兰亭集序》所思为人类共同的命运，至于眼前个人祸福、未来国家安危，都冲淡了。他也没有找到出路。人总是要死的，如果老不死，你也会讨厌他。政权总是要改朝换代的，如果永远是他，有一天你也想革命。这种想法似乎不能建造健全的人格。当然，文学家是否有责任去"建造健全的人格"？这是有争论的。

王羲之酒后以行书写《兰亭集序》，号称"天下第一行书"。书法增加这篇文章的知名度，许多著名的碑帖只是字好，《兰亭帖》的文学水平和书法的艺术水平珠联璧合，文以帖传，帖以文传。历代艺术评论家加上权威解说，给这部帖罩上一层神秘色彩，有人说，《兰亭帖》和西方名画《蒙娜丽莎》一样，都被神化了。

唐太宗特别喜爱王羲之的书法，又给《兰亭帖》增添了传奇色彩。

王家世传至七代孙，有出家为僧者，法号智永。智永把《兰亭帖》传给弟子辩才，唐太宗派御史萧翼赚取，这个故事叫《赚兰亭》，写成了小说，也拍成了电影。小说中，萧翼偷《兰亭》，偷到手，回京见皇帝，皇帝下了一道圣旨奖赏辩才，萧翼再以钦差大臣的身份回到庙里传旨。小说讲故事，不厌迂回曲折。在电影里，萧翼到庙中结交辩才，口袋里是藏着圣旨的，他引诱辩才炫耀《兰亭帖》，见帖立刻宣读圣旨，收帖动身。戏剧需要三集中（时间集中、地点集中、人物集中），剧情需要步步升高，急转直下。从这等地方体会小说和电影之不同，说故事和表演之不同，细腻和精彩之不同，对写作有帮助。

太宗得帖，命朝中多位大书法家（褚遂良、欧阳询等）临摹，命冯承素双钩复制，此帖得以广泛流传。太宗临终遗命以此帖殉葬，现在传世的是冯承素的复制品。

修禊因王羲之一文一帖而提高而普及，现在兰亭修禊之地是山阴观光景点，政府重建现场，修禊是旅游的一个项目。

3. 苏轼：前赤壁赋

赤壁，地名，因赤壁之战而著名，今湖北省有赤壁市（一说在今湖北嘉鱼东北）。汉末，曹操率大军南下荆州，孙权与刘备组成联军，在长江赤壁一带以火攻大破曹军，江岸的山崖烧成红色，三分鼎立之势形成。

苏轼所游的赤壁在黄州，今武汉市东南七十公里有黄冈市、黄州区，江岸也有红色岩石，当地人称之为赤鼻矶。有人说坡公弄错了地方，但文章并不因此减色，"美文"的目的并非求实。也有人认为并未弄错，坡公咏赤壁的词中明明说"人道是三国周郎赤壁"，他借怀古发抒怀抱。后人称周瑜作战的赤壁为周郎赤壁，也叫"武赤壁"，称苏轼作赋的赤壁为东坡赤壁，也叫"文赤壁"。战争和文学常使默默无闻的小地方变得赫赫有名,所以有人说:"天生赤壁,不过周郎一顾,苏子两游!"

赋,文章体裁,由古诗结合楚辞产生的新文体,介乎散文韵文之间,辞藻华丽,长于铺叙。韩、柳提倡古文运动,反对赋的浮华雕琢,但古文家吸收骈俪句法,写成散文式的赋,增加了古文的表现力,《前赤壁赋》可称显例。

苏轼,宋代大文学家、大书画家。"轼"是车前横木,坐车的人如要站起来伸出头去看什么,就用手扶着横木。如果平素敬重的人坐在车中迎面而来,"凭立而望之"是一种礼节,所以苏轼字子瞻,有谦虚之意。

苏轼是四川眉山人。眉山,位于成都平原西南部,现在眉山市内有"东坡区",并按时举办东坡文化节。西晋文学家李密也是眉山人,《古文观止》选了他的《陈情表》,眉山市内有李密路。

苏轼在宋仁宗时中进士,宋神宗时因反对王安石变法而外放杭州通判,做首长的副手。苏轼受到的致命打击是"乌台诗案",乌台就是御史台,御史的衙门里有许多树,树上有许多乌鸦。不料这个乌台"竟是天下乌鸦一般黑"!一些御史从苏轼的诗文中摘出一句两句话来,加以曲解,指控苏轼攻击朝廷，怨谤君父。下狱一百零三天，几乎被判死刑，终于从轻发落，贬黄州团练副使。团练，大约相当于民团自卫队，副使没有法定的职权，没有固定薪俸，不能维持必需的生活，初到时住在庙里，自己耕田种菜。黄州时期，苏轼写下著名的《前赤壁赋》和《后赤壁赋》。

苏轼多次被贬，黄州之后，又曾被贬到广东惠州、海南儋州。当时这些地方生活极苦，但苏轼的文学艺术也到达了人所共仰的巅峰，东坡自己说他一生事业都在黄州、惠州、儋州。

苏轼留下很多逸闻趣事，大众很喜欢他。例如，庙中有很多尊金刚，哪一尊最重要？东坡说拳头大的重要。例如，我们念观世音菩萨名号，观世音菩萨念谁的名号？东坡说也念观世音菩萨名号，因为求人不如求己。

苏轼在朝与王安石常常针锋相对。王安石有自己的"字学"，他认为"坡者土之皮"，苏轼反问："滑者水之骨？"王安石解释"笃"字，说是以竹鞭马，其声笃笃，苏轼问："以竹鞭犬，有何可笑？"

壬戌干支纪年**之秋，七月既望**过了十五**，苏子与**

客泛舟游于赤壁之下。

壬戌,宋神宗元丰五年。月圆为望,大月为十六日,小月为十五日。望之后为既望。古代文人记录岁日时间不求精确,常有"清明后""仲夏""仲秋月明之夜"等说法。

首先交代人物及地点,游记的标准模式。点出季节,可使读者对秋天的江景酝酿心理准备。尤其是"望"字会联想到明月,如秋江是龙,这个"望"字就是点睛了。

文章有节奏,这篇是最好的范例。节奏是音乐术语,指声音的长、短、高、低、快、慢、轻、重。纯粹就形式而言,一首乐曲是声音在这八种变化之间的组合。我们的语言文字也有声音,每个字、每个词的声音也有长、短、高、低、快、慢、轻、重之不同,作家修辞造句,纯粹就形式而言,很像音乐家作曲,因此也有节奏的要求。

《前赤壁赋》第一小节,东坡用了"之、于、之"三个虚字,没有这三个虚字,意义相同,有了这三个虚字,节奏不同。如果写成"壬戌秋,七月既望,苏子与客泛舟游赤壁下",节奏比较急促,好像有时间压力,但秋夜游江是一件从容潇洒的行为。写成"壬戌之秋,七月既望,苏子与客泛舟游于赤壁之下",节奏比较舒缓,和游江的心情相应。

清风徐来,水波不兴,举酒属 zhǔ 劝酒 客,诵明月之诗,歌窈窕之章。

初写秋景,淡淡两句。明月是赋中大自然的主角,尚未出场,先诵诗铺垫。这就是为什么在《诗经》三百首中要诵《月出》篇,这是题材的"选择"。

《诗经·月出》篇,首章:"月出皎兮,佼人僚兮,舒窈纠兮,劳心悄兮。"大意说:明月多么皎洁,佳人多么美丽,想念她的一举一动,内心无限烦恼。"诵明月之诗,歌窈窕之章",两句说一件事,这是偶句,也是赋体的铺陈。

少焉,月出于东山之上,徘徊于斗牛星之间,白露横江,水光接天;纵一苇之所如,凌万顷之茫然。

"少焉",表示时间,承接上文,连接下文,两字成句,形成节奏上的顿挫。下面两个长句,节奏恢复舒缓。

"斗牛"指"北斗""牵牛"二星宿。有人指出东坡所记与天文学知识不符,但对读者审美应该没有影响,此处"斗牛"可以解释为星之代称。

"徘徊",我们看月时所生的错觉,以为嫦娥欲行又止,婀娜多姿,当然也与事实不符,无碍美感。"徘徊"也使人有时间流逝的感觉。

"白露横江,水光接天",进一步写景色,船开始航行,深入秋江。

"一苇",小船,像一片苇叶。传说高僧达摩入中土弘法,"一苇"渡过长江,画家画他站在一根芦苇上。东坡此处可能用达摩典故,下面接着是道家御风的传说,佛道是本赋主要的思想骨架。

一苇在万顷之上,拉开空间感。"纵",放手,水平岸阔,没有往来船只,不必顾虑,自由自在,享受空间感。文章节奏流畅,一如秋江行舟。"纵"一苇之所如,"凌"万顷之茫然,两个单音字,放在两句句首,形成顿挫。避免因流畅而生"滑"。

浩浩乎如冯píng倚**虚御**驾驶**风，而不知其所止；飘飘乎如遗世独立，羽化**飞升**而登仙。**

由客观描写转入主观感受。人化入景中，没有拘束，没有依傍，甚至没有目的，人生中计划、目标都是累赘，摆脱了痛快。远离熙熙攘攘，进入另一高度、另一空间，坐飞机也是一种麻烦，以风为交通工具。"水光接天"，杜甫"春水船如天上坐"，江上即天上。"羽化"，如蛹化蛾，飞升成仙，程序简单自然。

"浩浩乎"三字连读，合成一拍，"如"字单音，一拍，"冯虚"一拍，"御风"一拍，你也可以"冯虚御风"连读，四字一拍。这半句的句法是三一二二（或三一四）。"飘飘乎如遗世独立"，和"浩浩乎如冯虚御风"是偶句写法，节奏相同。

但是这两句的后半句改用散句的写法，一句是"而不知其所止"，另一句是"羽化而登仙"，字数不一样，句法不一样，节奏就不一样了。这样写，节奏错落有致，音乐性更强了。

写人在大自然中和谐而超脱。

于是饮酒乐甚，扣舷而歌之。歌曰："桂棹兮兰桨，击空明兮溯 sù **流光。渺渺**空旷辽阔**兮予怀，望美人兮天一方。"**

"于是"，承上启下，语气一顿，与"少焉"相似。

层层渐进，加入人的动作。

"扣舷"，在船舷上打拍子，简单的动作。秋月江上，风景的色彩线条简单，人的动作也简单。老子说："五音令人耳聋，五色令人目盲。"

出现音乐，静夜，江上，月下，如天然的音乐厅。秋天的空气传音效果特别好，听觉享受高。

棹在船尾，桂木做成。桨在船旁，兰木做成，非写实。击动满江月光，光影改变世界，山水人物皆透明，写实。风景美化了船，船又反过来美化风景，与天上人间呼应。溯流光，船在行进中，如同追寻光源，想象李白捉月仿佛如是。

"渺渺"，辽阔而苍茫的样子。"天一方"，远在天边。歌词表示身心空灵，只记得远方的圣君贤相。屈原以美人暗喻君王，留下典故，以情诗的方式咏叹思君，垂为原型。

苏轼"处江湖之远则忧其君",援用屈原模式,直说就俗气了。

客有吹洞箫者,倚配合**歌而和** hè 跟着歌声唱奏**之,其声呜呜然,如怨、如慕、如泣、如诉,余音袅袅**幽远**,不绝如缕**一根丝**。舞幽壑之潜蛟,泣孤舟之嫠** lí **妇**寡妇**。**

再进一步出现乐器。洞箫,古时洞箫构造比较复杂,与现今单管竖吹的箫不同,音色凄美,最适合此时此地出现。写第一人称游记,要给同游的人分派角色,都有表演机会,为求人人现身不俗,出游要择伴。至于这篇赋,据有学问的人考证,奏箫确有真人。

洞箫不是快乐和热闹的乐器,东坡连用七个比喻,使箫声改变了气氛和心情,文章进入另一境界。洞、幽、潜、孤、嫠,这些意象配合东坡的厄运逆境。呜、慕、诉、缕、妇,字音低沉呜咽,与箫声共鸣。箫声有音节,有抑扬顿挫,看看这些句子的节奏:

如泣、如诉、如怨、如慕、余音袅袅、不绝如缕、舞、幽壑之、潜蛟、泣、孤舟之、嫠妇，东坡做到形式和内容完全融合，今天白话文学的作家仍要追求这样的造诣。

苏子愀 qiǎo 然脸色严肃，**正襟危坐**挺直身躯端坐，**而问客曰："何为其然也？"**

"何为其然也？"为什么会这样？

本来是"饮酒乐甚"，"扣舷而歌"，箫声"倚歌而和"，却沉重伤情，改变主调，出人意料，不但苏子愀然，读者也愀然，不但苏子要问，读者也要问：为什么要这个样子呢？

演奏是对乐曲的"诠释"，同一乐曲，由不同的人演奏，可以出现不同的风貌内涵。"击空明兮溯流光"，"望美人兮天一方"，落墨虽淡，东坡内心深处的空虚失落，也是可以体会的。何况"乌台诗案"东坡幸免一死，将诗稿及信札大量焚毁，思想倾向释、道，吹箫人既是东坡好友，岂能仅仅从达观的层面理解他？纵然东坡真能"与人无爱也无憎"，"也无风雨也无晴"，吹箫的人未必跟进，他还踟蹰在"别有幽愁暗恨生"。

开始有人的对话，对话是思想交换，读者容易投入。"何为其然也？"故意设问，古文常用手法，如屈原之于渔父。问答也使文章活泼。

客曰："'月明星稀，乌鹊南飞'，此非曹孟德之诗乎？西望夏口汉口**，东望武昌**鄂城**，山川相缪**缭绕**，郁乎苍苍，此非孟德之困于周郎者乎？方其破荆州，下江陵，顺流而东也，舳**zhú 船尾**舻**lú 船头**千里，旌旗蔽空，酾**shī 斟酒**酒临江，横槊**shuò 长矛**赋诗，固一世之雄也，而今安在哉？"**

荆州，今湖北、湖南某些地方，首府设在襄阳。长江自襄阳樊城偏向南流，流到洞庭湖之北又偏向北流，赤壁之战以这一段江流为战场。汉献帝建安十三年，曹操率大军南下，荆州刘琮投降，依附荆州的刘备南逃，曹操亲率精兵急追，沿途发生赵云长坂坡救阿斗、张飞喝断当阳桥等故事。诸葛亮说服东吴孙权，与刘备合力抗曹，孙刘联军在赤壁决战，因而有诸葛亮舌战群儒故事。这一段江流的方向大体上是南北，曹军北来，战船泊于北岸，也就是西岸，孙刘联军泊于南岸，也就是东岸，破曹用火攻，火攻需要风助势，因而有诸葛亮借东风故事。赤壁之战曹操惨败，终身未能再度南征，于是汉家天下分成魏、蜀、吴三国。

曹操统一北方，以优势兵力南下，踌躇满志。决战前，在船上月下跟群僚谈话，朗诵自己的作品"月明星稀，乌鹊南飞，绕树三匝，何枝可依？"，京剧《群英会》有生动演示。但初战不利，加上传染病流行，曹操"西望夏口，东望武昌"，目标俱在然而不攻击前进。周瑜火攻成功，曹军崩溃。

这一段叙事兼抒情，"因情生文，为文造情"，与主调合拍。大形势、大空间、大场面，也是大幻灭，见证历史的无常。偶句、散句交错，节奏奔放之中有吞吐，仿佛大江东去。

"况吾与子你渔捕鱼樵打柴于江渚zhǔ水中小洲之上，侣做伴鱼虾而友交朋友麋鹿；驾一叶之扁舟，举匏páo樽酒器以相属。寄蜉蝣朝生暮死之虫于天地，渺沧海之一粟。哀吾生之须臾时间短暂，羡长江之

无穷。挟飞仙以遨游，抱明月而长终。知不可乎骤得，托遗响于悲风。"

"况"，一顿。英雄尚且如浮光掠影，过眼成幻，何况我等。大空间无尽，大时间无涯，相形之下，我等又何其渺小短暂！友谊只是同病相怜，道家说有办法摆脱自然律的支配，等于望梅止渴。我能做到的，只是把悲怆寄托在箫声之中，让它在风中传播罢了。

渺小的人如何定位寻找意义，由此进入思想的层次。

苏子曰："客亦知夫水与月乎？逝者如斯水**，而未尝往**消失**也；盈**满**虚**空**者如彼**月**，而卒**终于**莫消减长**增**也，盖**发语词**将自其变者而观之，则天地曾不能以一瞬**眨眼**；自其不变者而观之，则物与我皆无尽也，而又何羡乎？"**

水只是流过，并未消失。宋人有"物质不灭"的观念吗？也许是说水流入海，蒸发为云，再降为雨，回到河中；月有圆缺，但月并无增减，宋人知道地球挡住了太阳射到月球上的光线吗?也许是说月缺了又圆,圆了又缺,二者可以相抵。

有人认为水月只是比喻,东坡说的是事件一经发生,永不消失。东坡后期思想受佛家影响,佛家说人的一言一行都是"业",业如梦幻泡影,但"业果"历劫不灭,从这个意义上说,人人永生不朽,所以胡适有"社会的不朽论"。……也许东坡把现象分成"变"与"不变"两种,并认为"变与不变"出于你的看法。

"且夫天地之间,物各有主,苟非吾之所有,虽一毫而莫取。唯江上之清风,与山间之明月,耳得之而为声,目遇之而成色,取之无禁,用之不竭,是造物者之无尽藏也,而吾与子之所共适。"

我们为什么觉得由富到穷是"变了"呢?为什么觉得由生到死是"变了"呢?为什么对"变了"觉得不舒服呢?因为我们觉得钱是我应该有的,寿命是我应该有的,曹操认为江南的人民和土地是他应该有的。其实"物各有主",没有什么应该属于我,我们应该没有"取予"的想法,也就没有了"得失"的忧喜。

天地间有些东西没有主人,例如自然美景。既然无主,我们可以尽情享有,大自然不加限制。审美的能力是先天禀赋加后天修养,我们之所得无人可以侵占。"失去那不能永有的,得到那不能夺去的。"这是我们这等人拥有的永恒。千江有水千江月,面对天地之美,我们的"拥有"并未使别人"失去"。坡翁自称"也无风雨也无晴",境界超出道士。

物质缺憾用精神补足,物质使人自由,但是不自在。向下发展受阻改为向上发展。物质享受与精神享受成反比,快乐的秘诀是"把面包里的肉丢掉"。

客喜而笑,洗盏更酌。肴**核**果**既尽,杯盘狼藉**错乱不整**,相与枕藉**交横相枕而卧**乎舟中,不知东方之既白。**

"客喜而笑",可解释为客人要结束讨论,如果再问再答,这篇文章恐怕选不进《古文观止》了。东坡也没写客人恍然大悟,对主人如何如何佩服,那样就无趣了。这是我们白话文作家要注意的地方。

"洗盏",酒杯洗过再用。更酌,互酌?重新再喝?都可以。

"狼藉",据说,狼藉草而卧,走开的时候把草弄乱,消灭它睡卧的痕迹。大家吃中餐,人吃饱了,菜碟饭碗还摆在桌上,很难看,所以在中餐馆举行宴会,饭后不宜原桌照相。

古代多少读书人开始是儒家,最后是道家(或佛家),苏轼在《前赤壁赋》中做了显示。

赋虽短,大开大阖,大起大落,读来感觉很丰富。行文有几处大转折,用"少焉""于是""况""且夫"连接,很灵活。议论、叙事、抒情都有,而以情统摄,各尽其妙而浑然为一。对后来的"大散文"影响很大。

4. 苏轼：后赤壁赋

是这**岁**年**十月之望，步**行**自雪堂，将归于临皋。二客从予，过黄泥之坂**bǎn 山坡**。**

这年，跟写《前赤壁赋》同一年，宋神宗元丰五年。

"步自雪堂"，文言特别句法，从雪堂步行出发。

苏轼到黄州，起初住在寺中，迁到临皋亭，然后在东坡建草堂，于大雪中施工，自署"东坡雪堂"。

东坡和两个朋友同行，自雪堂经黄泥坂往临皋。

两游赤壁，都写夜景，都未在文章开始标出"夜"字，以后逐步深入。

霜露既降，木叶尽脱，人影在地，仰见明月，顾而乐之，行歌相答。

四字一句，快板轻敲。地上有霜反射月光，树上没有浓叶遮蔽月光，月更明，人影更显，境更空旷清幽，一幅秋夜行路光景。文句充满诗意，可谓诗画俱备。

可以想象，三人上路时，月亮还没出来，眼中只见霜露既降，木叶尽脱。走着走着先看见地上有自己的影子，再抬起头来看见明月，于是唱起歌来，边走边唱，层次和前赋相似。

后赋多用四个字的句子，与前赋有异。

已而过了不久**叹曰："有客无酒，有酒无肴，月白风清，如此良夜何！"**

"如此良夜何！"怎样面对这么美好的夜晚呢！文言特殊句法。

起初快乐，但马上升起更高的欲望，有所不足。层次和前赋略同。

望月思饮，已是中国诗人的固定反应。李白："举杯邀明月，对影成三人。"韩愈："有酒不饮奈明何！"赵鼎："芳樽美酒，年年岁岁，月满高楼。"

因为"月白风清"，这才有"如此良夜"。"月白风清"，人间少了烟火气，未免叫人有些"不胜寒"，倘能有酒有肉，这才没有遗憾。这一段话如果没有"月白风清"一句，人人写得出来，有了"月白风清"，一定要苏轼这样的人才写得出来。

如此良夜应该有酒，如此良夜偏偏没有酒，这在布局上称为阻碍。阻碍不可造成停顿，阻碍是为了转个弯儿发展，柳暗花明又一村。白话文学也常常如此。

客曰："今者薄暮，举网得鱼，巨口细鳞，状如松江之鲈。顾但是安所得酒乎？"

"顾安所得酒乎？"但是什么地方可以弄到酒呢？文言特别句法。

鲈鱼，以江苏松江县所产最有名，据说有四个鳃。状如松江之鲈，当然并不是松江鲈，但能引起丰富的联想。

现在不但有肴，而且是难得之鱼，而且今天傍晚才捕到，很新鲜。极匮乏中忽然有极丰富。"状如松江之鲈"这一句的作用，可以和上一段的"月白风清"相比。

薄暮，捕鱼的最后机会，天黑以后就收工了。举网，好像很容易，意外的收获。观察了鱼的形状特征，足见对这条鱼的重视。

阻碍之后，出现转机。

归而谋诸妇。妇曰："我有斗酒，藏之久矣，以待子你**不时**随时**之需。"**

东坡回到临皋和太太商量晚饭的事，主词省略。东坡结婚三次，这是他的第二任妻子王夫人，四川眉山人。夫人预藏斗酒，在关键时刻为《赤壁赋》增色，受后世文人称赞，"东坡妇"成为典故。

"斗酒"，"斗"是量器，有大斗、小斗之分。诗人所谓"斗酒"，多半表示有一点酒，可以畅饮一次，容量并不精确。

中国从前的文人不知计划家庭开支，常常缺钱买酒，于是有拔簪买酒待客和卖发买酒待客的贤妇。元微之诗：

"泥他沽酒拔金钗。"有人说世界多灾多难,全赖妇女平时善于储藏,"以待不时之需",家家度过荒年,如果没有女人,人类早已都饿死了。

直到此处,后赋还是潇洒自在,景美情平。

写出生活的简陋,也可以说是困苦,似乎流露于无意之中。有人说这是坡公的修养,外境已不能转移他的内心。就写作技巧而论,不用形容词,不用惊叹号,没有指示的判断的句子,自自然然使境界现前,有人称为"示现法",示现是佛家用语,原指菩萨随机缘而出现化身。

于是携酒与鱼,复游于赤壁之下。江流有声,断岸千尺;山高月小,水落石出。曾日月之几何,而江山不可复识矣。

"曾日月之几何",文言特殊句法。"曾",从上次游赤壁到现在。"日月",代表昼夜,昼夜代表时间。几何,多少。用白话来说,"一共有几天啊"。日月并非星球,几何并非数字,"而江山不可复识矣",江山也不专指长江和赤壁,隐有人生世事之意。坡翁说:"作诗必此诗,定知非诗人。"

夜半钟声到客船,一定要说"夜半"错了,是拂晓;一定要说夜半没错,在两点十五分,都很好,也都不是诗人的事情。

写景的句子整齐,似骈;叙事的句子不整齐,似散,充分发挥骈散结合的优势,节奏也因之变化灵活。文章多处用一连串短句展开,然后用一两个长句将此一小段收束,短句节奏快,长句节奏慢,好像刹车前减速慢行。例如"江流有声,断岸千尺;山高月小,水落石出"之后继之以"曾日月之几何,而江山不可复识矣",是也。此中诀窍,今天的白话文学作家仍在薪火相传。

"江流有声,断岸千尺""山高月小,水落石出"都是名句,篆刻家常用来刻成"闲章",书画家乐于使用。

"江流有声,断岸千尺;山高月小,水落石出",极优美地写出极平常的景象,极平常的景象因此极优美。上次七月游赤壁,夏季多雨,江水高涨,江景辽阔;现在十月游赤壁,秋季雨少,水位降低,但大江东去时仍然有澎湃之声。"曾日月之几何",不过三个月,"而江山不可复识矣",这是"自其变者而观之"吗?后赋比前赋,景有异,文有异,思想情感亦不尽相同。所以东坡在后赋中避免议论,以丰富的意象为特色，提高了象征性。

至此，后赋与前赋完全分开。可以设想，东坡有意分开，作家不可企图"两次插足于同一河流之中"。

予乃摄撩起**衣而上，履**脚踩**巉** chán 高险**岩石，披**分开**蒙茸** róng 杂草**，踞** jù 蹲坐**虎豹**怪石**，登虬** qiú 龙弯曲的树木**，攀栖**居住**鹘** gǔ 凶猛的鸟**之危**高**巢，俯冯夷**河神**之幽宫**长江**。盖二客不能从焉。**

舍舟登山。上次游江为主，此次登山为主。景为前赋所无，文与前赋有别。

"摄衣"，平时服装不宜登山，时在夜间，东坡又毫无装备，读者先为他的安全提心吊胆，下文读来特别有张力。

一路人迹罕至，只有凶猛的鸟才在此居住。东坡在岩石上、乱草间寻落脚之处，坐在形状凶猛的石头上休息一下，有时得攀树前进，山高月小，断岸无声，长江俨然是水神居住的神秘宫殿。

"履巉岩"云云，接连四句，每句都是三个字，急促紧迫，快板，与山势险峻、夜色恐怖相应，继之以"攀栖鹘之危巢"云云，两句都是六个字，由短转长，由急转缓。末以散文句法"盖二客不能从焉"作小结。

景再变，不似人间，东坡似乎暗喻自己处境恶劣。"盖二客不能从焉","万径人踪灭""行到水穷处"矣。东坡"不着一字，尽得风流"，这些地方，作家不能倚赖"直抒胸臆"，要做到弗洛伊德所谓变形伪装。

前贤说，文学作品是写"意象"的。意象，寓意于象，象中有意。作家写出来的是"象"，没写出来的是"意"，读者由已经写出来的部分发现未写出来的部分。"夕阳无限好，只是近黄昏"是象，感叹国势衰落、好景不常是意，"不识庐山真面目，只缘身在此山中"是象，当局者迷是"意"。"雨中山果落，灯下草虫鸣"据说有禅意。"逝者如斯夫，不舍昼夜"是象，朱熹认为"天地所存者神，所过者化"是意，所以有人指出"逝者如斯夫，不舍昼夜"是诗。

划然破空**长啸** xiào，草木震动，山鸣谷应，风起水涌。予亦悄然而悲，肃然而恐，凛乎其不可留也。

"啸",撮口吹出声音,发出高昂悠长的声响,抒散胸中郁闷。岳飞"仰天长啸,壮怀激烈"。王维"独坐幽篁里,弹琴复长啸"。三国时代的隐士孙登,月下长啸,裂石穿云,据说跟道家的内功有关系。

在这里,长啸的声音似非东坡发出,可能是兽声或风声。虎啸,风啸,海啸,都用"啸"字。月明夜深,山高风急,水远舟小,本来就没有安全感。"山鸣",想想"山高月小"。谷应,想想水涌,想想"断岸千尺",想想"俯冯夷之幽宫",啸声竟能山鸣谷应,风起水涌,可知对东坡震撼之大。啸声得山、谷、风、水相应,文章亦如七窍之石,窍窍相通,呼呼生风。

"二客不能从焉",写出人与人的疏离,悄然而悲,肃然而恐,写出人与自然的冲突。至此,东坡完全孤立。想想东坡有何等遭遇,这一段描述,或许是东坡大难不死之后、忧患未已之时,恐惧心理之艺术化。前赋无此境界。

反_返而登舟,放乎中流,听其所止而休焉。

下山回舟中，和两位客人相聚，但三人再无像前赋那样的交集。船向江中驶去，不预设目标，听其自然，象征东坡的生活态度。

中国读书人幼而学，学儒家，儒家能感化人，但并非人人都可以感化，所以壮而行，用法家。法家以种种手段解决问题，手段未必正当。而且你用法家对人，别人也用法家对你，人力有限，天道难知，日久伤心、亏心，胸中郁结块垒。为求老而安，归入道家或释家。"放乎中流，听其所止而休焉"，可以视为道家的态度矣。

写到这里，后赋文势已尽，倘就此结束，也是一篇很好的小品。但是道家给他更多的想象力，抑而后扬，山外犹有更高山。

时夜将半，四顾寂寥。适有孤鹤，横江东来。翅如车轮，玄黑色**裳**下身衣服**缟**白色**衣**上身衣服**，戛** jiá **然长鸣，掠予舟而西也。**

"戛然"，金石叩击声。文言拙于状声，鹤鸣与金石声挂钩，形容其不寻常，增加诡异气氛。鹤，道家的动物。

鹤身上白下黑,太极图的颜色。此时二客犹在舟中,三人无言,孤鹤,鹤在诗中从不成群结队。掠舟而西,由头顶上低飞,飞得很快。为何要绕个弯子从舟上飞过?对人关怀吗?终于绝情而去。夜深江冷,鹤是唯一出现的生物,距离人类较近,但鸣声戛然,距离人声太远。东坡写来不动情感,道家的态度,是否表示道家并未能使他得到救赎?耐人寻味。

这一段已恍惚如梦境矣。

须臾不久**客去,予亦就睡。梦一道士,羽衣**鸟羽所制的宽大外衣**蹁** pián **跹** xiān 舞姿**,过临皋之下,揖予而言曰:"赤壁之游乐乎?"问其姓名,俛**俯**而不答。"呜呼噫嘻!我知之矣。畴** chóu **昔**前日**之夜,飞鸣而过我者,非子**你**也耶?"**

"非子也耶?"不是你吗?文言特殊句法。

"须臾客去,予亦就睡"。船上睡?回家睡?"过临皋之下",应是回到家中。

道士穿羽衣,与"羽化登仙"挂钩,行走姿态如飞似舞，与鹤挂钩。设计将梦境与现实混淆。明明是当天晚上发生的事，说成"畴昔"，也是梦中的时间观念。

"呜呼噫嘻"，此处并非表示悲叹，而是在"忽然想起来"的时候发出的声音，一般词典没有这个解释。

二客在前赋中有表演，后赋是东坡一人担纲，结尾高潮犹无他人参与之余地，心境孤绝。

道士顾笑，予亦惊寤。开户视之，不见其处。

梦境混沌，何时说破，何时梦醒。此时东坡认为能跟他对话的人只有一个，就是这个道士，但道士只能在梦中出现，梦醒就是梦破，空留惆怅。道士就是鹤，鹤就是道士，飘然现身，难得，但无作为。

"开户视之，不见其处"，如果是在家中，户外能见度很高，东西南北都看得见，不写月色，满眼月色。如果是在船上，只见满江月色，可连接"人生如梦，一樽还酹江月"，更觉有余不尽。

一再换场景：路上→家中→舟中→山上→舟中→家中，文章的完整性未受影响。心情：平和→紧张→松弛→

有限度解脱。象征：退出人事，遁入自然，有限度退出自然，有限度回归人事。空明境界似不及王维，但因此我们更愿意拥抱他。

前赋抑扬开阖，明显有布置；后赋抑扬开阖，不留痕迹。

前赋人物热闹，场面说得出，看得见；后赋人物孤冷，心境说不出，感觉得到。以道家思想升华五浊人生，成功的范例。有人说，"读赤壁两赋，胜读一部庄子"。

前赋难写易读，后赋难写难读。王世贞："赋是双珠可夜明"，后赋可能更圆润纯净。唐庚："东坡赤壁二赋，一洗万古，欲仿佛其一语，毕世不可得也。"一语或可得，通篇不可得，东坡亦不能复制，如王羲之写《兰亭集序》。

我们能够马上学到的是：如果你多次做一件同样的事情，如果每次都要写一篇散文，怎样写才可以避免重复？举例：如果你在国外，你的校友会每年开一次大会，如果你为每一次年会写一篇散文，学东坡！每次找一个角度，选择一个重点，如此，每篇题材不同，文章推陈出新。

例如，这一年，老校友来得特别多，他们都七老八十了，儿孙陪着，媳妇搀着，成为今年大会的特别景色。你就由这个角度切入，发掘他们今年为何都来了，每个人有一个理由，其中有很好的故事。写他们的成就，等于写母校的成就，写他们对母校的感情，可见全体同学对母校的感情。他们吃得很少，捐款很多，席散，一个一个颤巍巍地走了，望着他们的背影，盼望他们明年再来。

也许这一年新校友特别多，一群学弟学妹，毕业未久，老同学多半不认识他们，但是一见如故。他们很活泼，会唱校园中新近流行的歌曲，有几位读的是学校新增的科系。为什么他们同时在这里出现呢？这跟最近一次移民潮有关系。散席时互道珍重再见，他们说，明年恐怕很难再来参加了，这个大都会只是他们临时的集散地，他们由此各奔前程，摸着石头过河。老同学望着他们的背影，回想自己的往年。你可以由这个角度组织文章，写母校培养出来的奋斗勇气、互助精神。

5. 苏轼：范增论

范增，安徽人。秦朝末年楚（项羽）汉（刘邦）相争，范增是项羽的谋士，项羽尊其为"亚父"，安徽省巢湖市有亚父街。三国名将周瑜、民国名将孙立人，也是巢湖人。

秦灭六国，楚国得到世人最多的同情，加上楚在六国中面积最广，人口最多，民风也勇敢，因此民间流传"楚虽三户，亡秦必楚"。

秦始皇死，秦二世执政，这时各地人民对暴政的反抗已无法遏制。陈胜、吴广起兵于安徽（楚地），项梁、项羽叔侄起兵于江苏（楚地），刘邦起兵于江苏、河南边界，与项军合流。这叫"秦失其鹿，天下共逐之"。政权好比一头鹿，群雄并起好比猎人，大家都来追这头鹿，简化为

"逐鹿中原"。

经过一番消长,项家军势力最大。项家世代为楚将,项梁、项羽都懂军事,项羽尤其勇猛善战。项梁的父亲项燕是楚国的名将,在民间有很高的声望。这些都是项家军的优势。

最后,"逐鹿"剩下两个势力最大的猎人,一个项羽,称为楚军,一个刘邦,称为汉军,他们各有各的谋士,范增是楚军的谋士,在这段历史中起了重要的作用。秦朝灭亡以后,楚汉相争,再过四年,天下才定于一。

《范增论》,人物评论,从历史上找一个有争议性的人,讨论他的长短得失,别人看文章,可以发现作者的学问见识,当年凭文章选人才的时候盛行这一类题材。

汉用陈平刘邦的谋士**计,间疏**离间**楚君臣,项羽疑范增与汉有私,稍夺其权。增大怒曰:"天下事大定矣,君王自为之,愿赐骸骨,归卒伍。"未至彭城**徐州**,疽**毒疮**发背,死。**

文章以小故事开始,吸引读者看下去。邹忌见齐王,先说小故事，城北徐公是出名的美男子，可是邹忌的妻子、朋友，都说邹忌比徐公更美，邹忌自己客观比对，认定妻子和朋友说的是奉承话，心口不一，因为这些人有求于他。邹忌说完了故事再进入正题，他劝齐王接受批评。淳于髡见齐王，先说一件奇怪的事情，国中有一只大鸟，三年来也不叫、也不飞，国人都觉得奇怪。他的意思是齐王要有一番作为。

今天，白话文作家也常使用这个手法。我在《讲理》一书中举了很多例子。有个美国人写他在非洲坐人力车，车夫对他说：下个月，我就是美国某某大学的博士了。这个美国人很惊讶，你在非洲，如何读美国的大学？车夫说，他参加的是函授部。这个美国人要写的是《美国高等教育的危机》。

这种小故事要情节简单，字数短小，有趣味，使读者第一眼就对这篇文章产生兴趣，也可以说这是"赢在起跑线上"，报纸、广播、电视，常常对他的作者提出这一类要求。经常演讲的人平时都注意搜集小故事，以备不时之需。

项羽派使者见陈平，陈平大摆筵席，准备演出歌舞，隆重款待。但是陈平和使者接谈以后，忽然命令缩小规模，取消表演，降低接待的规格。陈平说，我还以为使者是范增派来的呢。陈平的这番做作算不得什么奇计，别人很容易看出破绽，项羽竟然上当。这个小故事从历史取材，显示楚汉双方"既联合又斗争"的三角关系。

小故事发生时，秦已亡，项羽已入关中号令天下，所以范增说"天下事定"，用不着我帮忙了。项羽屠杀咸阳百姓，放火烧秦朝的宫室，搜刮值钱的东西，强迫义帝搬出政治中心，这许多事应该都是范增反对的，他受够了。

范增背上生了一个疮，中医叫"疽"，据说，病因是气血淤塞、毒气在肌肉筋骨间发作。中国历史上屡有人"疽发于背而死"，看来这病很难治好。范增死后，楚军将士很悲痛，个个用头盔盛土为范增造坟，徐州有座土山叫"范增墓"。

苏子苏轼自称**曰："增之去，善**很好**矣。不去，羽必杀增。独恨其不早尔。"然则当以**因为**何事去？**

项梁战死的时候，项羽二十五岁，倚在范增肩头哭泣，两人有深厚的感情。项羽称范增为"亚父",地位仅次于父亲;范增也竭智尽忠,替项羽谋划一切。但范增也常以长辈待后辈的态度对待项羽。项羽做了楚军的统帅,需要树立自尊,他也战功赫赫,难免骄傲,范增不能放下身段,矛盾日渐增加。

历史上有很多谋士没有好下场。如果他做错了、失败了,主子要怪罪他,甚至杀了他,晁错是个例子;如果他做对了、成功了,主子越来越自以为是,越来越觉得他多余,最后也可能杀了他,范增是一个例子。苏轼也写了《晁错论》,可以与《范增论》合读。

增劝羽杀沛公,羽不听,终以此失天下,当以是去耶?曰:"否。"增之欲杀沛公,人臣之分本分**也;羽之不杀,犹有君人之度**度量**也。增曷**何**为以此去哉?**

这一段用问答体,使行文活泼,笔势的抑扬也引发读者思考。

这一段涉及历史上有名的鸿门宴。鸿门,地名,秦朝都城咸阳之西,临潼附近。当年楚汉两军共同的领袖怀王,派刘邦、项羽分兵攻秦,刘邦先入关中,秦朝的权臣赵高杀二世,立三世,改称秦王。秦王杀赵高,降刘邦,秦亡,史家称是年为汉元年(其后经过四年的楚汉相争,始建立统一的汉朝)。

项羽北上破秦军,经河北、河南入陕西,晚了一步,刘邦并不敢以秦王自居,但项羽对刘邦先入咸阳十分愤怒。范增劝项羽发动攻击消灭刘邦,楚军中有一位项伯,据说是项羽的叔父,主张宽待刘邦,并建议刘邦亲自向项羽解释误会。项羽接受,在鸿门设下宴会。鸿门,地名,项羽入关后,司令部设在鸿门。

鸿门宴的经过,《史记》有生动的记述。范增劝项羽趁此机会杀死刘邦,并和项羽事先约定暗号。宴会中范增三次示意,项羽置之不理。范增把任务直接交给项庄,让他在表演舞剑的时候下手,大家都看出来项庄的杀机,情势危急,产生了一个典故,"项庄舞剑,意在沛公"。

项伯和刘邦已结为亲家,此时加入舞剑,处处掩护刘邦。张良见情势危急,找樊哙进场搅局,吸引项羽的注意力,刘邦借口要上厕所,逃回汉营。范增大怒,当场骂项庄不成材，范增、项羽之间的分歧到了接近破裂的程度。鸿门宴发生在公元前二〇六年，再过两年，范增告老回彭城，中途病故。

"君人之度"：项羽和刘邦两人有盟约，项羽也认为刘邦不足以与他争天下。

《易》易经**曰："知几** jī 预兆 **其神乎！"《诗》**诗经**曰："如彼雨雪，先集为霰**雨点变细碎冰粒**。"增之去，当于羽杀卿子冠军时也。**

楚军的统帅本是项梁，项羽的叔父。项梁战死，怀王任命宋义为上将军，号"卿子冠军"，这是"冠军"一词的来源。楚军出征，项羽为次将，途中项羽发动兵变，杀死宋义，自己领军作战，大胜。

苏轼的意思是，事件先是种子（潜伏期），后是萌芽（萌生期），然后成树成林（爆发期）。任何事件的发生都是由微而显，要在萌发之初就设法预防或趋吉避凶，这就是《易经》所谓"知几"。苏轼引《诗经》解释何谓"知几"，降"霰"的时候，你就知道要落雪了。他认为项羽杀宋义就是一个预兆，以后的悲剧可以预料，范增应及早退出义军。

> **陈涉**义军领袖**之得民也，以项燕**楚将**扶苏。项氏之兴也，以立楚怀王孙心；而诸侯之叛之也，以弑**以下杀上**义帝。且义帝之立，增为谋主矣。义帝之存亡，岂独为楚之盛衰，亦增之所与同祸福也；未有义帝亡而增独能久存者也。羽之杀卿子冠军也，是弑义帝之兆也。其弑义帝，则疑增之本也，岂必待陈平哉？物必先腐也，而后虫生之；人必先疑也，而后谗入之。陈平虽智，安能间**离间**无疑之主哉？**

依苏轼的分析，当时人心在楚，陈涉起兵，对外宣称由楚国老将项燕领导，以壮大自己的声势，其实，项燕已经死了。项梁、项羽起兵，把从前楚怀王的孙子找来做领袖，以号召天下，这才声势大振，居义军之首。苏轼认为范增、义帝、宋义，是一条阵线，项羽杀宋义，就是要和范增、义帝对立。

后来项羽和怀王之间的矛盾也一天比一天加深，项羽后入咸阳，违背他和怀王的约定，实行军事统治，封刘邦为汉王，尊怀王为义帝，然后划给义帝一块地方，强迫义帝出宫就封，又派人在途中加以杀害，这些事情，早在项羽杀宋义的时候就已露出端倪。立怀王是范增的设计，项羽和怀王之间的矛盾，也就是项羽和范增之间的矛盾，项羽和范增之间早就有问题了！这就是苏轼所谓"知几"。

"物必先腐也，而后虫生之"，先民观察自然，看见腐烂的草丛里有萤火虫，看见腐败的食物上生蛆，所以有这样的说法。先民并不知道腐烂是细菌造成的，正确的说法是"物必生虫而后腐"。所以，这句老话现在的作家不大使用了。

"物必先腐也，而后虫生之"，后面紧跟着"人必先疑也，而后谗入之"。后一句为主，前一句只是比喻。俗语说："天上星多月不明，地上人多心不平。"《三字经》说："玉不琢，不成器；人不学，不知义。"都是这样写，这种写法，现代作家仍然使用。

吾尝曾经**论义帝，天下之贤**才能德行**主也**。独遣

沛公刘邦**入关，而不遣项羽；识卿子冠军于稠人之中，而擢**提升**为上将，不贤而能如是乎？羽既矫**假传圣旨**杀卿子冠军，义帝必不能堪，非羽弑**下杀上**帝，则帝杀羽，不待智者而后知也**。

苏轼进一步分析项羽和怀王（也就是义帝）之间的矛盾：怀王是一位"贤主"，而项家军需要的只是一个名义。这位皇孙在乡下为人放牛，难道帝王将相有种？他居然不是项羽期待的傀儡。当初义军兵分两路，宋义北上，秦军的主力在北，刘邦西进，直捣敌人后方，约定"先入咸阳者为关中王"。项羽希望西进，怀王不许，因为西进的政治意义大于军事，而项羽太喜欢杀人，项羽因此比刘邦迟了一步，可能因此怀恨在心。项羽在北上途中杀死宋义，怀王立刻把宋义的位子交给项羽，这些事都做得英明果断。但是苏轼说，项羽表示了对怀王的公然反叛，君臣双方已不能并存。既然"项羽和怀王之间的矛盾，也就是项羽和范增之间的矛盾"，项、范之间又岂能长久相安？所以说，"弑义帝，则疑增之本也"，又说，"不去，羽必杀增"。

读到这里，我们不妨想象：如果怀王批准项羽随刘邦西进,项羽会不会中途杀死刘邦?项羽先入咸阳,名正言顺地做了皇帝,但是看他屠咸阳、烧宫室等行为,他也是一个残暴的统治者。

增始劝项梁立义帝,诸侯以此服从。中道而弑之,非增之意也。夫岂独非其意,将必力争而不听也。不用其言,而杀其所立,羽之疑增,必自此始矣。

范增想得周到,但是他忽略了项羽的性格,项羽没有政治头脑,他是用剑劈开死结的那种人,不知统合各方的力量以成为自己的力量,从这个角度来说,他并没有人君之度。范增立怀王,可以想象,当项羽和怀王有分歧时,范增多半支持怀王,项羽感受到威胁。范增认为,支持怀王就是支持项羽,项羽的想法可能相反。

项羽在刘邦左右有一个情报来源,左司马曹无伤。鸿门宴前,刘邦向项羽解释误会,归咎于有人造谣挑拨,项羽居然说,都是曹无伤告诉我的啊!他毫无"用间"的常识。刘邦回到汉营,马上把曹无伤杀了,项羽的情报也断了。他至死认为"天亡我也",非战之罪,他没有错。从战斗战术看，他的确很成功，但是从战略、政略看呢，范增的剧本是用政治智慧编成，项羽这位担纲的男主角却用个人的意见和意气演出。

方羽杀卿子冠军，增与羽比肩平等**而事义帝，君臣之分** fèn 名分 **未定也。为增计者，力能诛羽则诛之，不能则去之，岂不毅然**有原则、有决断**大丈夫也哉？增年七十，合则留，不合即去，不以此时明去就之分，而欲依羽以成功名，陋**没见识**矣！**

古时候，"帝师"级的人物，如果发现国王对他的礼貌减少了，要辞别；如果不采用他献上的计策，也要辞别。公元前二〇七年，项羽杀卿子冠军，范增没走；公元前二〇五年，项羽谋杀义帝，范增还没走；公元前二〇四年，陈平用离间计，范增才走，所以苏轼说他"陋矣"。

苏轼主张范增杀项羽，应该是中国大一统以后的思想。楚汉相争时，战国遗风犹在，谋士各为其主，范增来帮项家，他为项家立怀王，岂能为怀王杀项？再说楚军即项家军，范增和义帝都不能控制，他没有杀项羽的条件。

虽然，增，高帝刘邦**之所畏**顾忌**也；增不去，项羽不亡。亦人杰**智慧超过千人万人**也哉！**

"也哉"，赞叹。"也"，肯定，"哉"，不确定。好像说，也算是人中豪杰了吧……句末可以用问号，也可以用感叹号，标点符号不同，对范增的评价也有差别。所以别说标点无关紧要。

项羽犯下一连串错误，终于垓下兵败，自刎于乌江（地名，今安徽和县乌江镇，长江岸边）。江东有一个亭长驾一只船接他过江，他说没面目见江东父老，后世同情他，认为他是一条汉子。杜牧说："胜败兵家事不期，包羞忍耻是男儿。江东子弟多才俊，卷土重来未可知。"认为他过江后大有可为。王安石说："百战疲劳壮士哀，中原一败势难回。江东子弟今虽在，肯为君王卷土来？"认为形势已不可为。李清照："生当作人杰，死亦为鬼雄。至今思项羽，不肯过江东。"佩服他不回江东。

读今人著述的历史，项家军由"八千子弟起江东"到垓下兵败，其间大约六年半的时间，没有做工作去巩固老根据地，江东各地的官吏，大半没有坚定的立场，项羽退到乌江时，江东军民只有一个亭长驾着一只小船迎接他，可以窥见个中消息。

6. 苏轼：晁错论

晁错，今河南禹州人，汉初政论家。禹州在河南省中部，是中华民族的文化古都，吕不韦、张良、吴道子、褚遂良的故乡都在禹州。

晁错受文帝、景帝重用，他著名的事迹是献策削藩，苏轼这篇人物论，专门批评这件事。汉朝得国以后，认为秦朝厉行中央集权，地方没有力量拱卫中央，所以政权的寿命很短，但是周朝分封诸侯，终于尾大不掉，又造成国家分裂。它折中一下，中央周围多少距离以内中央集权，地方和边疆实行封建，受封的诸侯叫外藩，意思是他们像中央的围墙一样。中央对外藩一直不放心，外藩对朝廷也很不满意，上下关系有很多矛盾。"削藩"是削减外藩的权力，晁错主张最力，并且有机会实行。

　　汉初，在广大外围封了异姓七国，同姓九国。有些诸侯太强，威胁王权，国王常借故贬抑，有宿怨。外藩中以吴王最强大，吴王把他的儿子送进京都陪伴太子，形同人质。两个孩子不懂事，下棋发生争执，太子用棋盘把吴王的儿子打死了。皇上派人把尸体送给吴王，吴王说，普天之下，莫非王土，埋在哪里都一样，孩子既然死在京城，就埋在京城好了！又把尸体退回去。……后来七国造反，就是吴王带的头。

　　削藩的举动开始，各王认为削藩之后可能撤藩，撤藩之后可能继之以秋后算账，追查治罪。外藩七国以"清君侧"为名，联合举兵反抗。"清君侧"的意思是说我们并不反对皇上，我们是清除皇上身边的小人。景帝听从袁盎的建议，杀了晁错全家，但七国不肯罢兵，后来还是名将周亚夫出征讨平。"七国之乱"也称"七王之乱"，他们是：吴王、胶西王、胶东王、菑川王、济南王、楚王、赵王。苏轼评论的就是这件事。

　　袁盎也是景帝重用的大臣，他和晁错之间有嫌隙。皇帝曾派袁盎到外藩吴国做宰相，当然是由他监视吴王，袁盎到任以后什么事都不管，每次向皇上提出例行报告的时候都说吴王忠心耿耿，没有问题。晁错认为吴王有问题，袁盎受了吴王的贿赂隐瞒实情，晁错劝景帝杀袁盎，景帝没有听从。等到削藩出了乱子，袁盎乘机报复。

佛教有"慈悲三昧水忏"，说晁错、袁盎两人死后，晁错的冤魂向袁盎讨债，袁盎当了和尚，而且历经十世轮回，前业不能消解。后来袁盎转世为唐朝僧人知玄禅师，而且被皇帝封为"悟达国师"。但晁错阴魂不散，紧紧窥伺在侧，终乘机而入。晁错使袁盎生了"人面疮"，备受痛苦煎熬，最后在迦诺迦尊者的慈悲开示下忏悔，用尊者赐予的慈悲三昧水洗涤，治好了毒疮，他们彼此尽释前怨，都得到了解脱。后人常引用这个故事说明冤仇难解。

周亚夫，江苏沛县人，沛县出了个刘邦，建大汉王朝，跟随他的沛县老乡有好几个人名垂青史，像萧何、周勃、曹参。周勃是周亚夫的父亲。

周亚夫治军严明，留下"细柳营"的故事，成为文学典故。汉文帝时，匈奴入侵，京城不安。文帝在京城外围驻扎三支军队，一在霸上（今西安城东），一在棘门（今咸阳市东），一在细柳（今咸阳西南渭河北岸）。周亚夫的大营设在细柳。

文帝亲自到三个大营劳军，先到霸上，再到棘门，官兵上下一致欢呼。最后来到细柳营外，守军不准皇帝的车驾前进，说是军营只听将军的命令。后来士兵得到将军的命令，皇帝可以进去，但是仍要遵守军营的规则，营中不得驰马，皇帝骑在马上要慢慢走。最后看到周亚夫，他全身披挂，肃立恭候，但是不能跪拜行礼。

天下之患，最不可为者，名为治平无事，而其实有不测之忧。坐观其变而不为之所处理**，则恐至于不可救。起而强为之，则天下狃** niǔ 习惯 **于治平之安，而不吾信。唯仁人君子豪杰之士，为能出身**献身**为天下犯大难，以求成大功。此固非勉强期月之间而苟以求名之所能也。**

"而不吾信"，而不相信我；"此固非勉强期月之间而苟以求名之所能也"，这向来不是希望短期速成但求出名的人能够办到的啊！都是文言特别句法。

开篇先说一套理论，建立一个原则，高举一个标准，然后拿这个标准去衡量某一个人或某一件事，批判是非对错，和《范增论》的开篇不同。《范增论》也是苏轼的名作，可以和《晁错论》对照阅读，留意相同的题材、不同的写法。

苏轼指出，天下最难办的事，表面上国泰民安，其实潜伏着严重的危机，一般人看不出来，极少数人感受得到。怎么办呢？天下最难做的就是先知，他在天下太平的时候看出来国家有潜伏的危机，如果提出警告，及早防止，别人不相信，怪你扰乱社会安宁；如果听其自然，祸患由隐而显、由小变大，说不定最后成为不治之症。苏轼认为"唯仁人君子豪杰之士"能够不计个人的利害，担当天下的大难，言外之意似乎是说，削藩没错，但是晁错不配。

苏轼似乎暗示皇上用人不当。

管理众人之事，最好能"防患于未然"，其次"遏难于将发"，再下是"惩戒于事后"。但是看得早、做得快并不讨好，有人观察了朋友的厨房，提出劝告，烟囱的构造应改一改，堆放木柴的地方离灶门远一点，这样比较安全。朋友不听，有一天果然发生火灾。当年小地方没有消防队，一家失火，全村来救，免不了有人烧伤跌伤。火灾过后，主人照例要大摆酒席，向所有参加救火的人道谢，受伤比较重的人坐上席，那个劝他防止火灾的反倒无缘参加。这就是"曲突徙薪者无功，焦头烂额为上客"。

孙子说"善用兵者无赫赫之功"，也是这个意思。

天下治平，无故而发大难之端；吾发之，吾能收之，然后有辞说明**于天下。事至而循循**不向前**焉欲去**推卸责任**之，使他人任其责，则天下之祸，必集于我。**

缩小范围，说得更具体一点：

由升平到突然大乱，有个引爆点，那个出头要"防患于未然"或"遏难于将发"的人是个导火线，看表面，你是麻烦制造者，你惹了麻烦，必须负责收拾一切麻烦，才说得过去。如果只能惹，不能收拾，自己想躲起来，叫别人去负责，天下人不感谢你洞烛先机，只骂你制造祸乱，有人就要趁机会整你。

说到这里，晁错就呼之欲出了。

昔者晁错尽忠为汉，谋设计**弱**削弱**山东**华山之东

之诸侯,山东诸侯并起,以诛错为名口号、理由。**而天子不之察,以错为之说。天下悲错之以忠而受祸,不知错有以取之也。**

评论历史人物,要把受评的人和事介绍出来,竖起箭靶射箭。事情必须说明白,但文字必须简短,作者必须受过这样的训练。

肯定晁错"尽忠为汉",直断七王"以诛错为名",委婉指出皇帝"以错为之说"(杀忠臣讨好造反的人)。三句话很清楚,也相当公道。

人人说晁错冤枉,他的主张正确,在他之前贾谊如此说,他之后武帝如此做。苏轼说不然,不尽然,这才有一论的价值。如果人云亦云,至少苏轼不必再写。

古之立大事者,不唯有超世之才,亦必有坚忍不拔之志。昔禹之治理**水**患,**凿**挖开**龙门,决**疏通**大河而放之海。方**当**其他功之未成也,盖亦有溃**冲倒堤防**冒**地下水涌出**冲突**大水倒灌**可畏之患。唯**可是**能前知其当然,事至不惧,而徐**镇静**为之图**处理**,是**

以得至于成功。

削藩是大事,要找一件大事来比拟讨论,苏轼举大禹治水。大禹疏导小水流入大水,大水流入大海,让出陆地供人居住耕作。这样做,势必使许多本来没有被水淹的地方变成江河湖泊。当年水文数据缺乏,施工技术原始,势难避免某种错误,使堤防溃决或海水倒灌,以致好像是制造或扩大了天灾。但是大禹"不唯有超世之才,亦必有坚忍不拔之志",在外九年,三过家门而不入,终于成功。国人享受最后的成果,对大禹临时的、局部的措施也都了解、接受,甚至赞叹。

龙门,今陕西韩城与山西河津之间的龙门山上有禹门口,黄河由此穿过,据说是大禹凿开的。

因削藩引起的七国之乱发生后,淮南王刘安准备起兵响应,他的丞相热烈赞成,自告奋勇指挥作战,淮南王欣然同意。可是这位丞相掌握兵权以后,下令"戒严",封锁内外交通,即使淮南王也不能自由行动,淮南王的命令,这位丞相拒绝执行。三个月后,七国之乱失败了,叛王不是自杀就是斩首,淮南王得以保全。这位丞相和晁错是同时代的人，可以拿他来注解苏轼的"晁错论"。

夫发语辞**以七国之强，而骤**突然**削之，其为变岂足怪哉？错不于此时捐**牺牲**其身，为天下当大难之冲，而制**控制**吴、楚之命**要害**，乃为自全之计，欲使天子自将**率领军队**而已居守。**

历史显示，孔子在鲁国掌权的时候，鲁国有三位大夫权势很大，孔子设法抑制他们，引起叛乱。明惠帝削藩，燕王举兵夺位，史称"靖难之变"。清朝征服汉族后，分封了三位藩王。康熙撤藩，引起"三藩之乱"。晁错在建议削藩的时候应该预料到下面的发展。

七王联合作乱，晁错建议皇帝御驾亲征，并自告奋勇留守后方，苏轼认为他犯了致命的错误。

"自将"，自己带兵作战。韩信留下的名言："将兵"，指挥军队；"将将"，指挥将军，也就是指挥那些"指挥军队的人"。

且夫再说**发七国之难**首先引起事变**者，谁乎？**已

欲求其名，安所何处**逃其患**责任后果**？以自将**亲自带兵出征**之至危，与居守**留在京城防守**之至安；已为难首**领先发动者**，择其至安，而遗**留给**天子以其至危，此忠臣义士所以愤怨而不平者也。**

进一步分析，用责难的语气增加可读性。

七国之乱是谁先挑起来的？是你晁错啊！你主张削藩，希望今世和死后留下名声，你怎能逃避削藩的责任后果？出征平乱是很危险的工作，后方留守是很安全的工作，你居然自己贪图安全，让皇上去冒险，哪个忠臣义士听见了不生气？

当此之时，虽无袁盎，错亦未免于祸。何者？已欲居守，而使人主皇帝**自将。以情**人之常情**而言，天子固已难之**难以忍受**矣，而重违其议。是以袁盎之说，得行于其间。**

苏轼在文章开头就说晁错祸由自取，现在正式点破。七王造反，晁错劝皇上"自将"，皇上不肯冒险，但是又没有冠冕堂皇的理由可以驳他,心里正在为难,正好袁盎主和,劝皇上杀晁错平息事端,于是皇上有了不必亲征的正当理由。

晁错在家中奉到皇上召唤,穿起朝服出门,谁知并未见到皇上,而是被一直押到刑场,死刑犯应该穿囚服,晁错是穿着朝服遭腰斩的,也就是说他未经拘押、未经审判,皇上把他骗到刑场。这种方式,当时和后世都有人不以为然。

杀忠臣为自己解套,苏轼似有批评之意。

在电视剧里,皇上杀晁错出于万不得已,事前亲自请晁错喝酒,并特准晁错不穿囚服以示优待。在这些地方,作家显示了演义和正史之不同。

使假使**吴、楚反,错以身任**担当**其危险,日夜淬** cuì 炼铁**砺** lì 磨刀**,东向**面对敌人**而待之,使不至于累其君,则天子将恃之以为无恐,虽有袁盎,可得而间**离间**哉?**

"淬",打铁的时候,把烧红了的铁浸入水中,增加硬度。"砺",在磨刀石上磨刀,使之锋利。"淬砺",艰苦工作的意思。

如果七国造反的时候，你晁错马上站出来要求带兵上前线作战，到了军中，你投入全部精力昼夜策划作战，你布好战线挡住东面来的敌人，你使皇上没有压力只有安全感，这时候纵然有一百个袁盎想在君臣之间挑拨离间，他也做不到啊！

晁错把皇帝推上第一线，皇帝杀晁错保护自己。如果晁错自己站上第一线，皇帝留晁错保护自己。苏轼说得何等透彻！又何等委婉！有人说苏轼替皇帝找理由，把责任推给弱者，那是太粗心了。

嗟夫！世之君子，欲求非常之功，则无务不要**为自全**己安**之计**打算。**使错自将而讨吴、楚，未必无功，唯**可是**其他欲**想**自己固**保全**其**他的**身**身家性命，而天子不悦，奸臣得以乘其隙。错之所以自全者，乃其所以自祸欤！**

"错之所以自全者，乃其所以自祸欤！"文言特别句法。晁错那样做，以为可以保全自己，其实他那样做，正好断送了自己。此处用感叹句表达，结束全文，甚见精神。

如果晁错自己出征，未必无功，有道理。无论谁挂帅，实际作战的是周亚夫，他花了三个月的工夫就把"七王之乱"平定了。

晁错的作为是一个谋士，不是大臣，而苏轼以大臣之风责他。晁错和范增一样，因人成事，祸福由人，《范增论》和《晁错论》两篇文章可以合读。由晁错、范增还可以联想到范蠡、张良，还有一个郦食其，想到跟皇帝出谋定计实在很难。

如以工程建筑做比喻，晁错是设计者，他的上面有批准者，下面有执行者。如果这栋大楼不应该盖，或者这座大桥不该修，要查批准者有没有责任；如果楼塌了、桥断了，要查施工有没有责任。如果晁错是谋士，他不必亲自上火线，刘邦也不会叫陈平去指挥韩信。

如果晁错是谋士，他劝皇帝亲征是尽最大责任，天下是你们家的，造反的都是你们家的爷们儿哥们儿，臣子怎么罩得住？要想替晁错说话，还有文章可做。

"削藩"这个棘手的问题是汉武帝解决的，他颁布"推恩令"，规定：受封的王侯死了，本来只能把爵位传给长子或嫡子,今后他的每一个儿子都有继承权,如果他有五个儿子,他就可以把这块土地分成五份。如果这五个儿子有二十个孙子,再传就分成二十份了。封地变小,力量也变小,没有造反的本钱,自然就要服从中央派来的官吏。

以前,如果王侯死后没有儿子,可以由他的义子继承,今后这一条取消,无人继承的土地由中央收回,设立郡县,派遣官员治理。

晁错的办法是刚性解决、军事解决,以贯彻人的意志来解决,"推恩令"的办法是柔性解决、政治解决,顺从某种规则自然解决。比较一下,晁错算不得大政治家。如果要批评晁错,也还有材料可用。

7. 刘基：卖柑者言

柑是一种水果，跟橘、橙相近。果树是常绿灌木，叶缘有锯齿，初夏开白色小花，果实扁球形，成熟后呈金黄色，比橘大。

橘，常绿灌木或小乔木，枝上有刺，叶狭长，花白色五瓣。

橙和橘同属一科，果实经霜早熟，圆形黄色，果皮有香气，可入药。

桔，多音字，同"橘"。

"卖柑者言"，一个卖水果的小商人说的话。

刘基，字伯温，浙江人，元朝的进士，辅佐明太祖朱元璋得天下，与张良、诸葛亮并称。他也是大文学家，与宋濂、高启齐名。

刘基懂兵法谋略，帮助朱元璋打败张士诚、陈友谅、方国珍，创建明朝。民间神化刘伯温，说他前知五百年，后知五百年，比之姜太公。民间流传的《烧饼歌》，预言明清民国以来的大事，据说是刘伯温所作。

举例来说，像"一院山河永乐平"，预言燕王夺取王位以永乐为年号；"八千女鬼乱朝纲"，预言太监乱政；"遇顺则止"，预言大清顺治皇帝取代明朝；"十八孩儿难上难"，预言明朝传至十八代灭亡；"木下一头了，目上一刀一戊丁"，以拆字法预言李自成作乱。这些"谜面"的文字水平很像乡村小庙的签语，生拼硬凑，似出于民间伪托。

实际上，刘基正直树敌，仕途从开始就不顺利。朱元璋夺天下时重用他，得天下后猜忌他。后来刘基生病，丞相胡惟庸带着医生去探望，刘基吃了药，病情更复杂了，以致刘基六十五岁死亡。据说，是朱元璋授意胡惟庸下的毒。

杭州有卖果水果**者**，**善**擅长**藏**储存**柑，涉**经**寒暑一年不溃**腐坏**；出**拿出来**之烨然**有光泽**，玉质而金色。置于市**市场**，贾** jià 价 **十倍，人争鬻** yù **之。**

刘基在杭州前后六年，担任过江浙行省儒学副提举，行省考试官。这篇文章是他在杭州时所写，当时年龄大概三十二岁到三十三岁。

杭州有个卖水果的，他有特别的方法贮存柑子，他店里卖的柑子，由秋天经过冬天到第二年夏天还不溃烂，摆出来很鲜艳，好像是玉石做成的，又有黄金一样的颜色，价钱比秋天的新柑高出十倍，很多人抢着买。

水果很难保存，民间常常把橘子埋在麦糠里过冬，橘子外表完好，里面的水分也蒸发掉了。橘子干燥始能"不溃"，这是自然定律。杭州这位卖柑者大概有更好的方法，可以保存得更久，橘子也更像木乃伊。

柑橘是秋天的水果，如果春天、夏天看见"新鲜的"柑，当然欢喜，即使发现不堪食用，仍有观赏价值，可以做馈赠的礼物或祭祀的供品，所以卖柑者的生意很好。刘基认为卖这样的水果是欺骗顾客，但卖水果的人另有他的"哲学"。

鬻，我们都认为是"卖"，可是在这篇文章里变成了"买"。

刘基的古文笔法，显出朴素端庄的风格。古文，指韩愈提倡的散文，他排斥六朝的繁复绮丽。

予贸交易**，得其一，剖之，如有烟扑口鼻，视其中，则干若败**旧**絮**棉絮**。**

刘基说，我买了一个，剥开一看，没闻到柑子的香气，好像有一股烟扑面而来，里面干燥得像旧棉絮一样。前贤写作，在一篇文章里避免重复使用同一个字，除非出于特别的设计。这篇文章开头说，"杭州有卖果者"，以后表示"卖"的意思，换成市、售、贸、取，甚至"鬻"。今天写白话文，原则上也是如此。

予怪而问之曰："若你**所市**卖**于人者，将以实笾**biān**豆**盛祭品的器具**、奉祭祀、供宾客乎？将炫**炫耀**外**表面**以惑**迷**愚**傻子**瞽**瞎子**乎？甚矣哉，为欺也！"**

"笾"，竹器。"豆"，木器。盛祭品用。
你把这样的柑子卖给人家，你是要人家摆出来敬神上供呢，还是招待客人的时候做装饰品呢，或者是用漂亮的外表迷惑那些没有知识、没有眼光的人呢？你这样骗人家的钱太过分了。刘基这几句话很直率。

解释一下：从前主人待客，摆出点心水果，这是礼貌；客人如果拿过来吃，这是失礼；客人告辞，水果点心原封不动。所以刘基把"供宾客"和"奉祭祀"相提并论。

卖者笑曰："吾业是以此为业有年多年矣，吾赖靠是这个以食养吾躯身体。吾售之，人取之，未尝有言怨言；而独偏偏不足亏欠于子您乎？世世界上之为干欺者骗子不寡少矣，而独我也乎？吾子您未之思也！今夫佩虎符握军令、坐皋比虎皮坐褥者，洸guāng洸乎威武干城保卫国家之具人才也，果真个能授运用孙孙武、吴吴起之略兵法耶？峨高大冠、拖长绅文官的腰带者，昂昂乎高高在上庙堂朝廷之器人才也，果能建伊伊尹、皋皋陶之业功业耶？盗起而不知御，民困而不知救，吏官吏奸奸恶而不知禁，法斁dù败坏而不知理治理，坐縻消耗廪粟公粮而不知耻。观其坐高堂、骑大马、醉醇chún陈酒醴lǐ甜酒而饫yù吃饱肥鲜者，孰谁不巍巍乎高大可畏，赫赫乎势盛可象效法也！又何往哪里找而不金玉其外、败絮其中也哉。今子您是这些之不察不看，而以察吾柑。"

卖水果的人和气生财，先笑后说，跟刘基的态度形成有趣的对照。

这是《卖柑者言》最长的一段。古人做文章，最长的一段往往是最重要的一段，也是写作技巧最值得观摩的一段。从前私塾先生用看皇历作比喻，皇历把这一个月的每一天都排列出来，每一天下面都有小注，告诉你这天宜出行，宜嫁娶，宜破土，宜开张……小注很多的日子就是好日子，就是重要的日子。如果日子下面的小注很少，甚至只有四个字"诸事不宜"，这就是不重要的日子。乡下人不识字，打开皇历选日子，看小注的字数多少。

这一段有好几个句子的构造可以算是文言文的特色。"而独不足于子乎？"意思是"而独于子为不足乎？""今子是之不察"，意思是"今子不察是"。这些句子今天不能学。这些句子形成这一大段文章的文气，如果把"今子是之不察"，改成"今子不察是"，文气就变了，文句构造和文气的关系，今天的白话文作家可以学。

今天写白话文,仍然"最重要的部分用最多的字数",可是忌段落太长,长段密密麻麻,对读者有压力。

今天写对话,力求两个人交叉对谈,忌一人长篇大论。对话不能是"一个人报题目,另一个人演讲"。

这一段有许多词语需要解释:

"虎符",虎形之信符,分两半,国君把一半交给军队的统帅,日后国王派使者传令,使者带着另一半虎符前往,两片虎符相合,证明使者的身份。

"孙吴",孙武,春秋时军事家;吴起,战国初期军事家,《史记》有《孙子吴起列传》。有关孙子著名的故事,是把吴王的宫女训练成精兵,帮助伍子胥报仇,率领吴国军队灭楚。关于吴起著名的故事是"杀妻求将",吴起的妻子是齐国人,鲁将伐齐,吴起为了得到鲁国的信任,把妻子杀了,京剧《斩经堂》就是以这个故事为原型。

伊尹,辅助汤王灭夏朝,建立商朝,他任丞相期间是商朝的黄金时代。汤王去世,太甲即位,做了许多错事,伊尹把太甲流放到桐地达三年之久,摄政管治国家。直到太甲后悔了,才把他迎回复辟执政,太甲也变成了一位好领袖。

皋陶（yáo），尧舜时代的司法最高长官，公正廉明。

这一段话，那个卖水果的人大概讲不出来，刘基借用了卖水果的人那张嘴，把自己要说的话讲出来，这个方法叫"假托"，现今白话文学叫"代言"。写文章本来是自己说自己心里的话，可是有许多话不能说，"代言"是自己不说，找个人替我说，这样一来，题材就宽了，文章的变化就多了。

《古文观止》还选了柳宗元的《捕蛇者说》，可以和《卖柑者言》对照阅读，柳宗元找了一个专业捕蛇的人替他说话，反映民间疾苦。又找了一个卖水果的替他说话，讽嘲朝廷没有人才。

"代言"的高级发展是创造人物，代言人有自己的生命，卖柑者可以脱离刘基独立，这就是小说和戏剧了。像莎士比亚、曹雪芹，创造了那么多人物，这些人物的个性和意见互相冲突，你很难再说究竟哪个人物是代表他。莎士比亚，有人说他拥护君主，有人说他提倡民主，有人说他是资本主义，有人说他是社会主义。其实，我们只能说莎士比亚的某个剧本里的某个角色拥护君主，某个剧本里的某个角色信仰社会主义。

予默然无应。退回来**而思其言，**类好像**东方生**东方朔**滑gǔ稽**诙谐**之流。岂其**难道是**愤**痛恨**世**腐败的现状**疾**嫉**邪**邪恶的势力**者耶？而托**假托，借故躲避**于柑以讽**委婉劝说**耶？**

文言特殊句型："类东方生滑稽之流""岂其愤世疾邪者耶？"

讽，劝告并不直接说出来，转个弯，说件有趣的事情，嫁接到正题上去，使对方容易接受。

东方朔，一个诙谐有趣的贤臣，也是文学家，汉武帝拿他当戏台上的丑角养着他，太史公著《史记》，为东方朔、优孟、淳于髡立《滑gǔ稽列传》，后来说相声的人拿东方朔当祖师爷。

"滑稽"，据说是盛酒的器具，可以"转注吐酒，终日不已""从那头儿把酒倒进来，绕个弯儿注到这头儿去"。形容一个人出口成章，永不词穷。

现在都说"滑huá稽"，它的意思是引人发笑，跟诙谐、讽刺、嘲笑、幽默常常换用。据提倡幽默的林语堂说，幽默、讽刺、滑稽，有很大的分别。现在流行不分诙谐、讽刺、嘲笑,都叫幽默,把林语堂标榜的幽默称为"高级幽默"。高级幽默不含尖锐的、悲观的、恐怖的效果,现代西洋作品有人喜欢制作这种效果,于是再立一词,"黑色幽默"。

举几个讽刺、幽默的例子:

1. 台湾什么时候会想要统一?买方便面的时候(统一牌方便面销路好)。(台湾人什么时候最爱国?爱国奖券开奖的时候。内地人什么时候最想念毛泽东?月底等发薪水的时候。)

2. 养鱼挺麻烦的,每天要换一次水,我经常忘记。后来,就只好每周换一次鱼了。(停车的时候,如果忘记朝收费表投零钱,就得给政府寄支票。投零钱可以忘记,交罚款不能忘记。)

3. "你为什么一抽烟就笑?""我刚看到书上说,抽一支香烟减寿五秒,笑一笑则长寿十秒,所以每次抽烟我就要笑一笑,为生命赚回五秒钟。"(钱不够用,有什么省钱的秘诀吗?有。百货公司大减价的时候,我去买很多东西,买得越多,省得越多。)

4. 钱可以买房子但买不到家,能买到婚姻但买不到爱,可以买到钟表但买不到时间。钱不是一切,反而是痛苦的根源。把你的钱给我，让我一个人承担痛苦吧！（如果我欠别人的，我会很痛苦；如果是别人欠我的，我觉得很快乐。好极了，我租了你的房子，从此不交房租，让你每月快乐一次。）

5.前世的五百次回眸，才换得今生的一次擦肩，像你我这样亲密的朋友，上辈子似乎没干什么，光他妈忙着回头了！（我们的头发，上帝都数过了，所以好人死得早，上帝只忙着数他们的头发，忘了数他们的寿命。）

6."如果你的老公有外遇，你会怎么样？""我会睁一只眼，闭一只眼。""喔！你这么大方！""不，我是要用枪瞄准他。"（我天天炖红烧蹄髈给他吃，让他中风。我皈依三宝，修密宗，天天念咒咒死他。）

文学作品，作家大概都读过《百喻经》，当作文学作品读，书里面用许多小故事宣说佛教教义，也有讽刺手法。

我们都很熟悉《阿Q正传》，中篇小说，借着描写阿Q这个人，讽刺中国人处世做人的态度，欺善怕恶、逃避现实固然可耻，"退一步海阔天空"也是懦夫。这篇小说刻画中国传统的人生哲学使中国人不能明白人生的意义，笑中带泪，风行一时，普遍影响中国青年的人生观，倾向激烈的革命路线。

我们也很熟悉《堂吉诃德》,作者是西班牙人,他用这部小说讽刺欧洲的骑士文学。骑士藏着秘密的爱情,游走四方,行侠仗义,留下尊贵的典型,作家写了很多作品讴歌他们。《堂吉诃德》换一个角度,指出骑士不过是生活在幻觉里的梦游者,堂吉诃德到处闹笑话,他的行为伤害自己也伤害他人。据说这部小说淘汰了盛极一时的骑士文学。

《捕蛇者说》和《卖柑者言》并读,可以发现两者的结构有相似之处,开头和结尾都很简要,中段都很丰富,有人称这种结构为纺锤形或橄榄形。

前贤留下三个术语:凤头、猪腹、豹尾。凤的头部小,尖锐,文章开头要简单明快,切入主题。猪的腹部容量大,精华都在其中,文章中段要扩张、发挥,把主题完全呈现出来。豹的尾巴很短,但是有力,文章结尾最好戛然而止,切忌拖泥带水。这个说法也许对我们更有帮助。

《卖柑者言》介绍卖柑者出场,三十三个字。作者买柑,二十一个字。两人碰撞开局,视野扩大,作者以斐然文采处理丰富材料,辞充气沛,淋漓尽致,用了一百八十六个字，占全文百分之五十以上。然后以三十三个字、两个问号作结，令人回味。

《卖柑者言》符合所谓三集中：时间集中，两个人一场对话，没有打断；空间集中，自始至终没有换地方；人物集中，两个人面对面，没有换角。凡是三集中的题材，大都适合用凤头、猪腹、豹尾的结构。

* * * *

刘基的诗：

春蚕

可笑春蚕独苦辛，为谁成茧却焚身。
不如无用蜘蛛网，网尽蜚（飞）虫不畏人。

五月十九日大雨

风驱急雨洒高城，云压轻雷殷地声。
雨过不知龙去处，一池草色万蛙鸣。

8. 柳宗元：捕蛇者说

柳宗元在柳州时，捕蛇是一种职业，背后有不幸的故事。此文可与《卖柑者言》合看，"卖柑者言"也可以称为"卖柑者说"，"捕蛇者说"也可以叫"捕蛇者言"。"捕蛇者说"可以理解为"说"一个捕蛇者，或者一个捕蛇者如是"说"。

柳宗元的原籍，有山西永济、山西运城、山西解县三个说法，其实这三个地名是同一个行政区域，现在正确的名称是山西省运城市永济市，位置在山西省西南部，相传是禹舜建都的地方，也是王维、司空图、杨贵妃的故乡。

柳宗元，二十一岁中进士，在京做官。唐顺宗起用王叔文推行新政，柳宗元、刘禹锡等人参与。顺宗中风，靠宫中女官和宦官传旨，旧势力勾结宦官立宪宗，王叔文遭贬官下放，同党八人被降为州之司马，称八司马，唐时每州置州司马一人，闲职虚衔。后来朝廷将王叔文赐死。

柳宗元被贬为邵州刺史，途中又被贬为永州司马（都在湖南）。司马为闲官，生活极苦，只能寄居寺中，健康受损。柳宗元寄居永州十年，生活经验丰富，思想提高，写《捕蛇者说》等社会写实作品，受山水风景熏陶，写《永州八记》。诗有《江雪》《渔父》，受佛家影响，皆传世之作。

调柳州刺史（广西），宪宗召还，诏书未至，他死在柳州，年四十七岁。

永州之野产异蛇，黑质底色而白章花纹，触草木，尽死；以啮niè咬人，无御之者。然得而腊xī风干之以为饵药引，可以已治好大风大麻风、挛踠luánwǎn手脚不能伸直瘘lòu颈肿疠lì恶疮，去死肌，杀三虫三尸虫。其始太医皇家御医以王命聚收集之，岁每年赋征收其二。募招有能捕之者，当抵其租租税入。永之人争奔走焉。

永州，古代的零陵地区，今湖南省西南部，湖南似侧面人像，永州在颔下颈部，和广东、广西交界，潇水、湘江在此汇合，有一个富有诗意的别名叫"潇湘"。中国历史上有很多名人和永州有关系，除了是三国名将黄盖、唐代大书法家怀素的故乡，大文豪柳宗元、欧阳修、陆游、徐霞客也都在此留下事迹。

永州三面环山，今称锦绣，古为蛮荒，产生毒蛇，也产生了捕蛇者的故事。

柳宗元不称毒蛇而称"异"蛇，有《春秋》"一字褒贬"的风格。他描写这种蛇黑色而有白纹，一句话道出它的样相诡异，下面说触草草死、咬人人死，两句话道出毒性之大。捕蛇是非常危险的工作，为捕蛇者出场预作铺垫。

蛇虽有剧毒，但入药后可以治重症，如大麻风、手脚弯曲不能伸直，还有某种恶疮。这些病常使名医束手，但医药可以济医术之穷。道家说人体内有三尸虫，危害健康，用今人的眼光看，应是某种寄生虫，那时，中医一般的药力难以攻到它的部位，永州异蛇可以奏效。于是朝廷招募人捕蛇，交两条蛇可以免除一年的赋税。这样危险的工作，永州人居然争着做，为捕蛇者的故事留下发展的余地。

有蒋氏者,专专门捕蛇**其利三世**代**矣。问之,则曰:"吾祖死于是,吾父死于是,今吾嗣**接续**为之十二年,几**几乎**死者数** shuò 多次**矣。"言之貌**面部表情**若甚戚**悲**者。**

几死者数矣:有好多次几乎送了命。

吾祖死,吾父死,吾几乎死,分三次说出,给读者三次撞击。我迟早不免一死,没说出来,读者想得到,第四次撞击。

作者已给了读者充分的心理准备,以上云云在意料之中。

余悲同情**之,且曰:"若**你**毒**怨恨**之**这种工作**乎?余将告于莅**lì 主管**事者,更**改**若**你的**役**差事**,复**恢复**若**你的**赋**税,则何如?"**

"更若役,复若赋",文言的特殊句法。

柳宗元的意思:既然捕蛇这样危险,我可以跟主管这项业务的官员谈谈,你以后不必再交两条毒蛇抵税,你仍然交钱交粮。我们读到前面捕蛇者命在旦夕,情绪绷紧,现在见柳宗元伸出援手,情绪放松下来。可是我们乐观其成的时候,捕蛇者的反应出人意表,我们的情绪又绷紧了。这就形成了文章气势的抑扬。

> **蒋氏大戚**悲,**汪然**水分充沛**出涕**泪,曰:"君**将哀而生之**使我活下去**乎?则吾斯**这个**役**差使**之不幸,未若**不像**复**恢复**吾赋**税**不幸之甚也。向**以前**吾不为斯役,则久已病**为其所苦**矣**。"

前文,捕蛇者蒋氏谈到自己的工作有生命危险,谈到父亲和祖父都因捕蛇而死,表情不过好像很悲伤而已,可见他长年压抑自己的感情,快要麻木了。如今听到柳宗元想帮他,反而放声大哭,可见蒋氏从来没有得到这样的关怀,突如其来,反而承受不禁。

"你是想让我活下去吗?我现在捕蛇抵税固然活得不容易,可是,如果我恢复交钱交粮完税,那就会活得更艰难。"这样的意思用白话表达或用文言表达,句法差异极大。

说到抑扬,捕蛇者"未开言,不由人珠泪滚滚","扬"

得快。如果捕蛇者说到后面才大哭,效果就不一样。

"自吾氏三世居是乡,积于今六十岁矣。而乡邻之生_{生活}日_{一天比一天}蹙_{cù 紧缩},殚_{竭尽}其地之出_{出产},竭其庐_{屋子}之入_{收入},号呼_{哭喊}而转徙_{xǐ 搬家},饥渴而顿_{劳累}踣_{bó 跌倒},触风雨,犯寒暑,呼嘘_{呼吸}毒疠_{有毒的空气},往往而死者,相藉_{尸体重叠}也。曩_{从前}与吾祖居者,今其室_{人家}十无一焉;与吾父居者,今其室十无二三焉;与吾居十二年者,今其室十无四五焉,非死则徙尔,而吾以捕蛇独存。"

捕蛇者说,我家住在这里六十年了,这地方生存保障很低,死亡率高,往往许多尸体堆在一起处理,六十年来,老街坊老邻居剩下不到十分之一了,幸亏我能捕蛇,我这个家庭才维持到今天。

捕蛇者的自白进入最精彩的部分。柳宗元是"古文运动"的重量级人物,与韩愈并称,他在这里也使用了骈文句法,骈文对铺张情景,激扬情感,确有独到的功效。柳宗元在反对骈文的运动中同时吸收了敌人的长处,骈散兼用,使这一段和下一段文字有如音乐剧中的女高音独唱。

"殚其地之出,竭其庐之入","殚"和"竭",意思相同,"出"和"入",事实相同,骈文不避繁复,以数量增加质量,显出同义字仍有各自独立的价值。"触风雨,犯寒暑",触、犯互用,亦复如此。今天的白话文学仍然有人活用了这种写法。

"**悍**凶恶**吏**小官员**之来吾乡,叫嚣** xiāo 大声吆喝**乎东西,隳** huī 突闯进民宅摔砸**乎南北;哗然**大众惊愕出声**而骇怕者,虽鸡狗不得宁焉。吾恂恂** xún 小心谨慎**而起,视其缶**瓦器**,而吾蛇尚存,则弛** chí 放松**然而卧。谨食** sì 喂养**之,时**到了时候**而献焉。退**回来**而甘食** shí 安享**其土**土地上**之有**生产**,以尽**度过**吾齿**年岁**。盖**大约**一岁之犯**冒**死**死亡危险**者二**两次**焉,其余则熙熙**平安顺利**而乐,岂若**哪里像**吾乡邻之旦旦**天天**有是**活不下去的情况**哉。今虽死乎此,比吾乡邻之死则已后矣,又安**怎**敢毒**怨恨**耶?**"

捕蛇者描述官府催税的情景,反映百姓的痛苦。这些公差到处大呼小叫，从不用正常的声音说话，他们闯进民宅，说摔就摔，说砸就砸，从不用正常的态度待人。不但老百姓惊恐失声，连鸡犬也不得安宁。税负的压力如此之大，捕蛇者想到他的蛇是他唯一的依靠，他关心他捕到的蛇，内心紧张，揭开瓦罐一看，他的蛇还在里面，就放心了，朝床上一躺，外面的喧哗骚动与他无干，这时候，他这两间旧房子就是世外桃源了。

捕蛇者说出他选择捕蛇的理由，柳宗元无可反驳。人生就是不断地选择，"两利相权取其重，两害相权取其轻"。有时候，我们的标准也很虚妄，招兵的人员劝人当兵，他叫人不要怕："你从军，不一定上前线；你上前线，不一定作战；你作战，不一定中弹；你中弹，不一定死；你若死了，还怕什么呢？"有时候，所有的选择都是无奈，可是我们选择过，也就似乎无憾。

文言特别句法："岂若吾乡邻之旦旦有是哉。""又安敢毒耶？"

余闻而愈悲，孔子曰："苛严厉、暴虐**政猛于虎也！"吾尝疑乎是，今以蒋氏观之，犹信。呜呼！**

孰知赋敛之毒，有甚于是蛇者乎！故为之说，以俟等待**夫观人**民**风者得**采取**焉**。

文言特殊句法："吾尝疑乎是。"（我曾经怀疑它。）"有甚于是蛇者乎！"（还有比毒蛇更厉害的呢！）

柳宗元的结论：孔子说过，严厉、暴虐的政令比老虎还可怕，我以前怀疑这句话，现在看看捕蛇者，还是相信了。不怪我以前不相信，谁又能知道政府强力征收的害处比毒蛇还大呢！古文多半最后有作者的评议，说出文章的主旨，现在写白话文学的人很少再用这个办法，可能戛然而止，由读者自己去思考。

苛政琐碎百端，柳宗元找到一个尖锐突出的代表，由它摇撼人心，以概其余。文学作品借少少表现多多，文学作品不要一览表、大事记。柳宗元到底生长在君权至上的时代，他没忘记表示对政府的善意，引周代"采风"作庇护。采风，周天子派人出去搜集民歌，从作品中观察人民的道德水平和快乐指数（或痛苦指数），作施政的参考。柳宗元说，我写《捕蛇者说》，就是为了朝廷观风使用。风，本是"民风"，唐朝避李世民的名讳，改成"人风"。

今日永州根据《捕蛇者说》,制成"异蛇牌药酒"和"柳宗元牌药酒",成为当地名产。就像李白一首"兰陵美酒郁金香",兰陵人酿酒发财。赵匡胤和道士陈抟下棋而输掉了华山,华山下卖围棋成市集。黄粱一梦,邯郸一梦。邯郸,河南,今河北南部有黄粱梦镇,著名观光景点,因道家故事而建吕仙祠,旅馆供应枕头和黄粱饭,引人留宿。商人了不起,可利用任何材料赚钱,悲惨、幸福、危险、冤屈……

今天研究文学的人说,"苛政猛于虎"是《捕蛇者说》的原型,也就是,《捕蛇者说》从"苛政猛于虎"变化发展而来。

"苛政猛于虎",语出《礼记·檀弓下》:

《礼记》一书,辑录了战国至秦汉间,儒家学者对礼制的解释、说明和补充的资料,共四十九篇。《礼记》不是一人一时之作,各篇作者多已不可考。现时通行的《礼记》,是由汉代戴圣辑录。《礼记》不仅记载了许多礼节的细则,而且详尽地论述了各种典礼的意义和制礼的精神,透彻地阐释了儒家的礼治思想,对于研究中国古代社会的情况和文物制度,亦很有参考价值。

孔子过泰山侧，有妇人哭于墓而哀。夫子式而听之，使子路问之，曰："子之哭也，一似重有忧者。"而曰："然。昔者吾舅死于虎，吾夫又死焉，今吾子又死焉。"夫子曰："何为不去也？"曰："无苛政。"夫子曰："小子识之，苛政猛于虎也。"

"式而听之"：式，通"轼"，车前的横木。孔子坐在车上，看见坟墓前有妇人哀哭，他停下来凭着车前的横木，以严肃的表情静听。并不匆匆走过，据说这是他的习惯。

"一似"，很像是。"重有忧"，一再发生忧患，沉重的忧患。"舅"，公公，古人称公婆为舅姑。

"而曰"，接着说。"焉"，指代事物之词。

苛政何以猛于虎？比较如下：

虎	苛政
威胁生存	决定生存
偶尔出现	无时无地，如在其上，长相左右
可躲避、对抗	不能躲避、对抗
危害一人	危害全体
斩立决	凌迟处死
杀身体	杀身体也杀灵魂

今天研究文学的人说,"苛政猛于虎"是《捕蛇者说》的原型,也就是,《捕蛇者说》从"苛政猛于虎"变化发展而来,古人有"脱胎"之说,意义近似。使用原型是文学创作的正当手段和重要技巧,它使诗产生诗,小说产生小说,新生繁衍,文学大家族更繁荣。

举例来说,李白"相看两不厌,只有敬亭山",辛弃疾"我见青山多妩媚,料青山见我应如是",前者可能是后者的原型。《诗经》"二子乘舟,泛泛其影。二子乘舟,泛泛其逝",李白"孤帆远影碧空尽,唯见长江天际流",后者可能从前者脱胎。

使用原型有一局限,通常选择古典作品,或流传久远的传说民谣。因为这些作品受时间淘洗,本身有一种尊贵,这些作品也不再受著作权法的保护,不会引起法律纠纷。使用原型绝对不是抄袭,但是新作品免不了要借用原作的"创意",在一定时间内,今人的创意还是不能侵犯的。

9. 范仲淹：岳阳楼记

　　岳阳楼，湖南著名古迹，湖南省岳阳市西门外洞庭湖畔。唐玄宗时中书令张说任岳阳刺史，常与才士登临赋诗，从此，岳阳楼出名。

　　洞庭湖，中国第二大淡水湖，面积跨湖北、湖南两省，古时号称八百里洞庭。

　　滕宗谅（字子京）与范仲淹为同年进士，仁宗时，二人又曾同守边郡。后滕子京于庆历四年被贬谪岳州（古属巴陵郡），重修岳阳楼。楼成，滕子京请画家画了一张图给范仲淹看，要求为岳阳楼重修作记，当时范仲淹也被贬出京，文章在驿馆内写成，据说一夕定稿。

　　范仲淹，苏州人，北宋大文学家，也是政治家、军事家。苏州是古代的"吴"地,在江苏省东南部最富庶的地区,号称"上有天堂,下有苏杭"。历史名人很多,单说文人,除了范仲淹,还有陆机、沈括、唐寅、金圣叹、民国的叶圣陶。

范仲淹少年时期住在庙里苦读,夜晚不脱衣上床,伏在书桌上小睡,冬日读书疲倦了,用冷水洗脸提神。一锅冷粥分成四块,上午、下午各食两块,以咸菜下饭。同学的父亲器重他,给他送来丰盛的菜饭,他一律不吃,理由是:我若吃了你送来的食物,我自己的冷粥咸菜就再也无法下咽了。中国抗战时期的小青年奉其为偶像,战争和贫穷的年代需要艰苦奋斗的青年,感官享受提高了,很难倒回去。

宋真宗信道教,他到安徽亳州朝拜太清宫,车驾经过河南商丘,商丘的应天书院很有名,范仲淹正在里面读书,同学们都到街上看热闹,唯独范仲淹照常读书,同学问他为何不去看皇帝,他说将来再看也不晚。第二年,范仲淹考中进士,见到皇上。天下事无独有偶,这个故事让我们想起华歆和管宁。管宁、范仲淹两耳不听窗外事,他们做学问,当学者,应该专心。今天的白话文作家需要多观察,不怕麻烦,赶热闹也不嫌弃冷门。

范仲淹二十五岁中进士,做了十年地方官,政绩很好,擢升入京,因为遭人嫉妒下放。他无论被贬到何地都有重大建树,皇帝又召他入京重用,不久又将其贬出去。他最高做到副宰相的职位,在朝参与政治改革,受到守旧官僚有组织的反抗。新政失败,他被贬邓州(河南)、杭州、青州、颍州(安徽),死在徐州。

范仲淹留下很多美谈。有人告诉他,苏州有一块地,风水很好,如果葬在那块地上,子孙后代出状元。范仲淹买下那块地办书院,兴吴学,苏州成为中国出状元最多的地方,号称"状元之乡"。

他留下的名言:宁使一家哭,不使一路哭。宁鸣而死,不默而生。最有名的还是写在《岳阳楼记》里面的"先天下之忧而忧,后天下之乐而乐"。

<u>庆历</u>宋仁宗年号<u>四年春,滕子京谪守巴陵郡</u>今湖南岳阳<u>。越明年,政通人和,百废具</u>俱<u>兴,乃重修岳阳楼,增其旧制,刻唐贤今人诗赋于其上,属</u>嘱<u>予作文以记之。</u>

《岳阳楼记》是刻在石碑上的历史文献，建楼的年代、地点和人物都要写上去。湖南岳阳属于古代的巴陵，写文言文的人爱用古地名。

政通人和，很高级的赞美。许多朝代人和而政不通，如康熙晚年，四海升平但是君臣上下的惰性很大，"多一事不如少一事"。有些朝代政通而人不和，如秦始皇，政令贯彻到底，但民愤激烈。做到政通人和，难。滕子京能重修岳阳楼，应该是内部没有严重矛盾，财用相当宽裕，人民大众乐于效力，所以范仲淹说他"政通人和"。先肯定滕子京的政绩，然后肯定重修岳阳楼的正当性。

唐贤，指杜甫、李白、孟浩然、李商隐等。今人，指宋朝，当代诗人。他们都为岳阳楼留下诗篇。杜甫的一首诗非常出名："昔闻洞庭水，今上岳阳楼。吴楚东南坼（chè），乾坤日夜浮。亲朋无一字，老病有孤舟。戎马关山北，凭轩涕泗流。"还有李白："楼观岳阳尽，川迥洞庭开。雁引愁心去，山衔好月来。云间连下榻，天上接行杯。醉后凉风起，吹人舞袖回。"

予观夫巴陵胜状独有的风景**，在洞庭一湖。**衔远山，吞长江，浩浩_{水大}汤汤_{shāng 水流}，横无际涯；朝晖_{晴朗}夕阴_{阴暗}，气象万千_{变化}；此则岳阳楼之大观也，前人之述备矣。然则北通巫峡，南极潇湘，迁客_{贬谪下放者}骚人_{诗人}，多会于此，览物之情，得无异乎？

先说前人已写过的，自己不再重复，但仍留下六句，当作铺垫，再于共同见解之外提出独特见解。洞庭湖中有君山，好像把山衔在嘴里。有人说，"八百里洞庭"面积很大，湖岸远处有山，远远看全景，那山好像在湖中。洞庭为中国第二大淡水湖，岳阳又正当长江入水口，江水流入湖中，或者湖水流入江中，好像湖主动地吞吐。长江沿岸有很多湖泊调节水量，夏季长江水位上涨，冬季长江水位下落，这些湖泊使长江的水位稳定，免除下游多少旱灾水灾，鄱阳湖、洞庭湖、太湖、洪泽湖、巢湖是著名的大湖，还有一万多个小湖泊。

"北通巫峡，两极潇湘"，形容湖面积之大，特别标出巫峡、潇湘等地理名称，有文学修辞上的作用。巫峡，长江三峡之一，"巴东三峡巫峡长，猿鸣三声泪沾裳"，猿声哀凄，代表那身不由己艰难跋涉的人心情悲凉。潇湘，潇水和湘江，湖南境内的两条大河，潇水流入湘水，湘水流入洞庭，屈原投汨罗江自杀，汨罗是湘水的支流，所以贾谊在过湘水时凭吊屈原。帝尧的女儿、帝舜的妻子娥皇、女英也死在湘江边上，她们的眼泪滴在竹子上，留下永不消退的斑点，称为湘妃竹，洞庭湖中的君山上有娥皇、女英的坟墓。"潇湘"合为一词，代表湖南，也代表"美丽与哀愁"。

这些典故使"北通巫峡，南极潇湘"俨然成为一个特区，"迁客骚人，多会于此"，陷入某种复杂的情结，读者也入乎其中。这是典故的魅力。

"骚"，忧。"骚人"，诗人。诗人多愁善感,甚少欢娱之词。不同的"迁客骚人"，面对同样的景物，可能有不一样的感受。杜甫登楼，"戎马关山北，凭轩涕泗流"。李白登楼，写下"水天一色,风月无边"。黄庭坚则是"未到江南先一笑，岳阳楼上对君山"。

下面文章以"代人设想"展开。

若夫例如**霪** yín 雨 久雨 **霏霏** fēi 雨很大**，连月不开；**

阴风怒号，浊浪排空；日星隐曜，山岳潜形；商旅不行，樯qiáng桅杆**倾楫**jí桨**摧；薄**迫近**暮冥冥**昏暗**，虎啸猿啼；登斯楼也，则有去国怀乡，忧谗畏讥，满目萧然**空虚不安**，感极而悲者矣！**

假设情况 A。

以四言诗的句法构成，我们会联想到东坡在《后赤壁赋》里也有这样的写法，但《岳阳楼记》大量使用，奔放恣肆，成为特色。

这一段写阴冷的气候制造悲愁，下一段写明媚的光景引发快乐。两段写景的文字非常精妙，大大增加了这篇记叙文的"艺术含金量"。他以描写风景支持论点，得到了成功。

由上个月到这个月都在下雨，风浪很大，连日星山岳都不能露面，何况商旅。前景如此黯淡，心胸怎么能开阔？想来想去都是不如意的事。

"樯倾楫摧""虎啸猿啼"，并非指真正发生的事，而是指可能发生的事。如用白话文，大概写成"这样的气候，足以造成船难，连老虎猿猴也要大声吼叫，表示恐惧不安"。

兽犹如此，人何以堪！

"忧谗畏讥"，受贬谪的官员进退不安。失势离京，京都的同僚趁机会说你的坏话，墙倒众人推；以戴罪之身降级赴任，新环境里的官员百姓怎样衡量你？四个字说中了"迁客"的无限心事。要先了解他们、体谅他们，说他们心里的话，然后才可以劝勉他们。

"去国"，离开京城，见不到皇上，远离政治中心，没有着力点。"国"，城邦。

"怀乡"，想回家，有乡愁。人不能再像儿童时期处处受保护，有失落感。

心情受环境左右，外面的世界打造你内心的世界，这叫"感于物而动"。

有人说，范仲淹并未到过洞庭湖，他见过太湖，他写洞庭风景，其实是太湖经验之借用。倘若这样，我们现在称为"拼贴法"。有人说，范仲淹有位好朋友，家在洞庭湖畔，他们一同在京做官，范仲淹心中的洞庭是从这位朋友的谈话中得来，倘若这样，我们今天称为"间接经验"，生活是直接经验，读书、看图、听人谈说是间接经验。有人说，范仲淹的确到过洞庭，曾经坐船横渡洞庭，倘若这样，范仲淹是用形之于外的文字恰当地表现了他藏之于内的意象，这是"修辞立其诚"。

> **至若**至于**春和**气候好**景明**风光好**，波澜不惊，上下天光，一碧万顷；沙鸥翔集，锦鳞游泳，岸芷**香料植物**汀**小沙洲**兰，郁郁青青**茂盛**。而或长烟一空，皓月千里，浮光跃金，静影沉璧，渔歌互答，此乐何极！登斯楼也，则有心旷神怡，宠辱皆忘，把酒临风，其喜洋洋者矣！**

假设情况B。

立刻换另一个世界，完全代替前一景，高手。自己布的兵自己能调走。

"四月春和雨乍晴。"春气和煦，景物明丽，光线充足，天地开辟，感觉出路宽广，没有挫折。沙鸥、锦鳞，可爱的、和平的动物；芷、兰，吉祥的令人愉快的植物，使人感觉周围没有危险、没有敌人。连夜景也安详光明，多彩多姿。

"浮光跃金"，湖水有波浪，月光在水面上跳动，画面变化，应接不暇。静影沉璧，湖中波平如镜，湖心有月，如白璧沉入湖底，光影没有变化，一片空灵明净。不同时段，两种情况，并未明确区分，也就是，"或浮光跃金，或静影沉璧"，省略了"或"字。现在白话新诗还有这种写法。

情况A写忧，情况B写乐，奠定忧乐为本文之主调，为"先天下忧，后天下乐"作铺垫。无论是阴是晴，洞庭湖依然是一个湖，但常人在阴雨时有一个忧愁的洞庭湖，在晴朗时有一个快乐的洞庭湖，虚幻不实。常人的忧乐由外物引起，随外物转移，他所忧虑的未必值得忧虑，他所追逐的快乐未必值得追逐，很多人这样浪费一生。

览物之情得无异乎？分两段提出答案，有异。人之常情，眼前好景则心喜，眼前残景则生悲，花开花落，月圆月缺，悲喜皆短暂，来自感官，不来自意志。范仲淹在下文指出这不是高级的人生。他的视角和《阅江楼记》差异很大，可以对照阅读。

嗟夫！予尝求推求古仁人之心，或异二者之为，何哉？不以物喜，不以己悲，居庙堂朝廷之高，则忧其民；处江湖草野之远，则忧其君。是进亦忧，退亦忧。然则何时而乐耶？其必曰"先天下之忧而

忧，后天下之乐而乐"乎！噫！微没有**斯人，吾谁与归**认同，参与**？**

"吾谁与归"，我和谁一伙？文言特别句法。

文章布局起初由合而分，现在由分而合，一生二，二复归于一。范仲淹提出更高一级的人生观，花开花落固然不能产生他的快乐与忧愁，升官坐牢也不能使他兴奋或沮丧，他只关心朝中有一个什么样的皇帝，天下有一些什么样的百姓，答案不确定，随时有变量，他全心全意维护一件随时可能破碎的珍宝，捕捉一个若隐若现的目标，以致他永远是戒备的、思考的，往好处努力，往坏处设想。范仲淹称这种人为"古仁人"。

范仲淹称常人的情感为"悲喜"，称仁人的情感为"忧乐"，悲喜的关怀面小，忧乐的关怀面大，为生民悲则忧，为天下喜则乐。仁人的忧乐以天下苍生之悲喜而决定，不以湖光山色来决定，也不以个人得失荣辱来决定。常人看得近，仁人看得远；常人快乐的时候，仁人开始下一个忧虑，所以说"先天下之忧而忧"。范仲淹感叹：今天有没有这样的仁人呢？言外之意，他自己正是这种仁人，但是他不希望自己是当今唯一的仁人。

明代洪武年间，有一个姓范的御史被判了死刑，皇帝最后一次看案卷的时候，问他跟范仲淹有没有关系，既而知道这个范御史是范仲淹的十二世孙，立刻予以赦免，并且把"先天下之忧而忧，后天下之乐而乐"两句话写在绢上赐给他，对他说，以后你如果犯了死罪，只要把这块字条拿出来，就可以免罪。

宋濂的《阅江楼记》写给皇帝看，希望皇帝成为更好的皇帝，范仲淹的《岳阳楼记》写给臣子看，希望臣子成为最好的臣子，两人都足以"千古"。宋濂陪皇帝作文章，待诏应制，受很大的拘束；范仲淹处江湖之远，写作环境比较自由一些，能够以游人的角度发表审美经验，并且活活泼泼地挥洒。这时,他等于代表大众游人,大家也都来看,都共鸣，"粉丝"比较多。

有人说，滕子京遭下放以后，心情恶劣，范仲淹借此机会劝导他的这位好朋友。有人说，岳阳为交通要道，不知多少受贬谪出京的人经过此地，登楼感慨，范仲淹要劝勉一切有缘人。"迁客"心中百感交集，范仲淹替他们归纳出一个"忧"字来，此忧自古难解，范仲淹开出来的药方是"先天下之忧",不要老是想自己,要去想天下苍生。这服药怎么会有效?听听有些人的宗教经验吧,当你关怀众生的时候,你的忧愁扩大了,也疏散了,好像众生都来分担你的忧愁。

10. 宋濂：阅江楼记

阅江楼，明太祖在南京郊区长江边上盖的高楼。古人兴建重要的建筑物，照例要为它写一篇文章，记述缘由，借题发挥。《古文观止》有《沧浪亭记》《黄州快哉亭记》《岳阳楼记》《喜雨亭记》《醉翁亭记》《黄冈竹楼记》，都是如此。

学者说，皇帝命宋濂作记的时候，大楼还没动工，宋濂奉旨不敢怠慢，赶紧把文章写出来了，大楼却始终没有盖成。倘若如此，这倒是一篇有趣的文章，也是在技巧上难度很高的文章。

宋濂，浙江省浦江县人，浦江在浙省中部，民国著名政论家曹聚仁也是浦江人。宋濂是明初古文大家，方孝孺的老师。皇帝对他很客气，侦查防范他很严。有一次，宋濂上朝，皇帝问他昨天喝酒了没有，跟谁一同喝酒，吃什么菜。最后皇帝说：没错，你没说谎。原来他身边有皇帝派的间谍，他的一举一动皇帝都知道。

有时候，皇帝召宋濂谈话，询问各地官吏哪个好哪个不好，宋濂只说好的，不说坏的。其实，皇帝希望知道臣下的缺点劣迹。宋濂说，我只和好人来往，不和坏人来往，有交往才有了解，所以谁好，我知道；谁坏，我不知道。

宋濂六十八岁的时候，皇帝赐给他一匹贵重的锦缎，照规矩，这一匹料子得放在家里供着，不能做衣服穿，皇帝特别告诉宋濂可以在一百岁的时候做"百岁衣"。

但是他在七十三岁时遭到放逐，走在半路上就死了。这年，明太祖整肃丞相胡惟庸，牵连到宋濂的孙子，这是灭门之祸。

宋濂主张"道外无文，文外无道"，不但否定了文学的艺术性，也否定了文学的工具性，见解狭隘，未能成为文学理论，作品的感性也很弱。《阅江楼记》站在皇上的立场说话，有人认为是歌功颂德美化政权的庙堂文学。读书人猎取功名，在朝为官，可能要在皇帝身边做秘书，《古文观止》是科举时代的补充教材，所以选了《阅江楼记》

供他们参考观摩。

但是无论什么时代,单凭歌功颂德美化政权不能成为大文学家,作品进不了《古文观止》这样的高级选本。中国从前读书人的志愿是"上致君"(帮助皇帝进步),"下泽民"(改善老百姓的生活),宋濂写《阅江楼记》,仍然遵照他致君泽民的理想。他在体制之内、高压之下,委委屈屈、曲曲折折地教育了皇上,在他心目中,明太祖朱元璋才是他真正的读者。这个蔑视技巧的作家,发挥了最高的技巧。所以我们选出这篇文章来"化读"。

金陵南京一带**为帝王之州**居住地。**自六朝迄于南唐,类皆偏据一方,无以应**配**山川之王气。**

杜甫诗:"秦中自古帝王州。"帝王的地盘,意思是建都的地方。

六朝,东吴、东晋加上宋、齐、梁、陈(南朝)。唐宋之间有五代十国,南唐,五代十国之一,李后主的祖父所建。这些君王都在金陵建都,偏安一时。类,相同、相似、大概、大抵。

古有望气术，今有地理决定论，山水形势和帝王事业相应，这是大风水观念。贵州山水地气外泄，自古没有产生伟人。四川富足，四面环山，地气封闭，适合割据，诸葛北伐无成。蒙古大漠广阔荒凉，鼓励扩张侵略，所以南下牧马，军功赫赫。中国黄河流域为农业地区，常有水灾，沿岸居民必须合作治水，于是形成统一的保守的大国。俄国严冬漫长，人民困守帐幕以内、炉火之旁，一步之外危机重重，所以长于谋略，意图赤化世界。

金陵形势龙盘虎踞，足以产生龙虎事业，大好山川，等待大有为之君，以前在这里建都的人根本不配。

逮及、到了**我皇帝，定鼎**建都**于兹**此**，始足以当之。**

明太祖建立了大一统的大朝代，建都金陵。鼎，政权，禹铸九鼎代表九州岛。问鼎，有图谋大位之心。争鼎，争夺天下。定鼎，建都。一个鼎字多少典故！

由是声教风声教化**所暨**到达**，罔**不**间**分**朔**北**南，存神穆清，与道同体。虽一豫**喜悦快乐**一游，亦思**

为天下后世法效法。

明太祖出场,先来一首赞美诗。没有主词,文言文常常省略主词,在这里,省略主词可以表示特别的尊敬。这一段文字深奥,显得典雅,翻成白话你才会觉得肉麻。文言比白话更适合歌功颂德。

孟子云:"所过者化,所存者神;上下与天地同流。"宋濂的这一段话似是由此化出。"存神",皇帝内在的心神;"穆清",穆和清明,通常形容天,现在拿来歌颂皇帝的精神境界。"过化",皇帝的行为对老百姓都是教化,就像天地运行化育万物。

那年代,写文章颂扬皇上,表面上是给全体臣民看,实际上是给皇上一个人看,下焉者,为了博得皇上欢心,加官晋爵;上焉者,如宋濂,抓住机会教育皇上,宋濂把皇帝应该做、还没有做的事,说成皇上已经做到了,引诱皇上去做,有点像哄小孩。荀子说过,"事君如驯烈马,如保赤子"。究竟有多大效力,难说,尽心焉耳矣。

这一段颂词,如果由我解读,我想宋濂的本意是这样的:

皇上，您应该扩大您的影响力，到更远的远方。您应该像古代的圣君，与天一体，与道合一。别忘了，您的一举一动都是天下后世效法的模式。您做得好，天下臣民跟着变好；您做得不好，天下臣民跟着变坏。您盖一座高楼，说不定后世就有理由大兴土木，劳民伤财。任何一件事，如果后世不该做，您现在先不要做。

京城之西北有狮子山，自卢龙境**蜿蜒**曲折**而来。长江如虹贯，蟠绕其下。**上皇上**以其地雄胜，诏建楼于巅**山顶**，与民同游观之乐，遂锡**赐**嘉**好名**为"阅江"云。**

皇上要盖阅江楼，现在就要替皇上说明这座楼存在的理由了。第一，建楼应帝王之气；第二，建楼产生"存神过化"的作用。

"阅江"，看江。这个看不是寻常的看，它是以居高临下的姿态看，用审查检验的眼光看，山川之气，尽收眼底，皇上的气势又在山川形胜之上。

登览之顷时候，**万象森**有秩序**列，千载之秘，一旦轩**敞**露。岂非天造地设，以俟**等**大一统之君而开千万世之伟观者欤？**

欤、乎、耶，古时没有现代的标点符号，使用这些字表示问句。岂非……者欤，文言的特别句型。

"轩"，高起的屋檐，显露在外者。

山川帝王气和大一统之君相应，天地等待千百年，大君来开千万世。

皇帝英雄都爱登高，"无限风光在险峰"，攀登时回味创业时战胜一切艰难，"会当凌绝顶，一览众山小"。享受大功大业的成就感。山巅出尘超世，使人头脑清晰，便于思考大计。居高临下，增加自信心和勇气。

当风日清美，法驾皇帝座车**幸临，升**登上**其崇**高**椒**山顶**，凭倚栏遥瞩**看**，必悠然而动遐**远**思。见江汉**河流**之朝宗**归海**，诸侯**各地大员**之述职**向皇上报告工作**，城池之高深，关阨** ài 狭窄险要**之严固，必曰："此朕栉**梳**风沐雨、战胜攻取之所致**得到**也。"中夏**中国疆土之广，益思有以保之。

先用山川形势展现大远景。设身处地，皇上看到的是无限江山，想到的是创业难，守成不易。替皇上写出顾盼自雄的豪情，也轻轻地引导他思考的方向。

如果用我的方式解读，作者要说的是：皇上！这是您打下来的天下，四方归心像江流入海一样。可是中国的国土那么大，您能看到的只是很小一部分，这一部分没有问题，怎样使天下四方都没有问题呢？您可要好好地想一想！

见波涛之浩荡，风帆之下上，番外族外国舶接迹而来庭皇帝大门里，蛮琛chēn珍贵之物联肩而入贡，必曰："此朕德绥安抚威服镇服，覃tán延长及外内之所及也。"四陲之远，益思有以柔增加向心力之。

改为中景，看到人群。四夷臣服，德威远播，替皇上写出踌躇满志的成就感，也暗示有所不足。

这一段，我愿意如此解读：四夷一向是中国的边患，累死多少豪杰；藩镇也一向是中国的内忧，拖垮多少王朝。现在托皇上的福，各国都来称臣纳贡，诸侯都来报告工作，皇上德威并济，遍及内外。但千万不要以为永远可以高枕无忧，历史上没有一劳永逸的政府，非我族类，反复无常，那前来称臣纳贡的，可能是来窥探虚实的，希望有隙可乘。兴兵讨伐是下策，最好的政策是怀柔，若要怀柔政策成功，必须天朝团结自强，否则怀柔只是示弱。在这方面，皇上要做的事情还有很多！

见两岸之间，四郊之上，耕人农夫**有炙**晒伤**肤皲**jūn冻裂**足之烦，农女有捋**采**桑行馌**yè送饭**之勤，必曰："此朕拔诸水火，而登于衽**rèn**席**安眠之地**者也。"万方之民，益思有以安之。**

近景，看见个别人物。代替皇上说出施恩万民的优越感，婉转勉励他更进一步。

这一段，宋濂好像在说，皇上推翻元朝的暴虐统治，把人民从苦难中救出来，功德无量。但是，你看，夏天，农夫的皮肤还是带着烈日烧烤的伤痕；冬天，农夫的皮肤还是被寒风吹裂。妇女早起采桑，中午送饭给下田耕种的人，还是非常辛苦。您看到眼前少数人，想想天下四方还有无数人，老百姓需要更宽松的生活环境，万难承受进一步的政治压力。皇上，您要想一想，怎样使他们"明天会更好"！

触类而思，不一而足。臣知斯楼之建，皇上所以发舒精神，因物兴感，无不寓_{暗藏}**其致**_{达到}**治**_{把国家治理好}**之思，奚**_何**止阅夫长江而已哉。**

"奚止阅夫长江而已哉"，文言的特殊句法。

触类而推，模拟推理。指皇上的心思可以如此类推。

宋濂给皇帝上课：天子无私，以天下为家。建楼是治国手段，楼是治国工具，登楼阅江是治国行为。

"臣"，宋濂自称，臣为作者，君为读者，天下百姓和后世的我们是"寄生读者"，附属的、意外得来的读者。美国对中国广播，对象是中国人民，有些美国人、日本人也经常收听，这些人是"寄生听众"。寄生读者越多，作品越有价值，《古文观止》收了李白写给韩荆州的信，韩愈写给宰相的信,都可作如是观。

《阅江楼记》基本材料很少,宋濂以联想和推理展开。联想是想象的初步。推理有中生有,想象无中生有。推理步步为营,想象一步登天。推理是温水青蛙,想象是破网鲤鱼。

> 彼临春_{楼名}、结绮_{楼名},非弗华矣;齐云_{楼名}、落星_{楼名},非不高矣。不过乐_{享受}管弦_{乐器}之淫_{放纵情欲}响,藏燕、赵之艳姬_{美女},一旋_转踵_{脚跟}间而感慨系之,臣不知其为何说_{意义}也。

临春、结绮,南唐李后主建造的高楼。唐末至宋兴之间有五代十国,南唐为十国之一,传至后主被宋太祖灭亡。

齐云,唐曹恭王建造。元朝末年,朱元璋打败了张士诚,张的一群爱妾在楼中自焚。

落星楼,三国孙权所建。左思《吴都赋》有"落星之楼"。

建造高楼为了夸富,为了享乐,养成人主的傲慢自大和好逸恶劳,国势随之衰落,甚至有亡国之祸。"感慨系之",我们读了这一句,会想起"后之视今,犹今之视昔"。宋濂只用一半,非常含蓄,这是对君主的礼貌。

宋濂再三确定阅江楼的正面意义之后,这才举出历史上的负面教材,以古为鉴。唐太宗:"以铜为镜,可以正衣冠;以古为镜,可以知兴替;以人为镜,可以明得失。"宋濂要说的话很多,"忧劳兴国、逸豫亡身"之类是也。他不敢说得太多,点到为止,留下空白让皇上自己说,安全,效果更好,古人立言的技巧。开国皇帝一等聪明,你没说出来,别人没听出来,他先听出来了,这是天子圣明,皇帝欣赏这火候。

下文急转。

虽然,长江发源岷山,委蛇 yí 弯弯曲曲 **七千余里而始入海,白涌碧翻。六朝之时,往往倚之为天堑** qiàn 护城河。**今则南北一家,视为安流,无所事乎战争矣。**

长江发源岷山是古人的误解,长江的长度为6211.3公里,也有人说6380公里。"白涌碧翻",江水的颜色因水流的形态、外面的光线而有变化。现在是盛世，长江由战壕变平安河，大明政权有无限的将来。宋濂赶紧除去负面教材的阴影，防止皇帝的误解和政敌的挑拨。

然则果谁之力欤？逢掖儒者的衣服**之士，有登斯楼而阅斯江者，当思帝德如天，荡荡**非常广大**难名**形容述说**，与神禹疏凿**开河治水**之功，同一罔极**限**，忠君报上之心，其有不油然**自然，充分**而兴**起**者耶？**

阅江楼既是皇帝的治国工具，也是臣子的忠贞教科书，这座楼盖得对、盖得好，是建立伟大国家的伟大工程，与大禹治水媲美。"难名"，词句不够用，唯有用行为报答。这一段是对登楼的臣子说法，也是自己表态。

臣不敏谦词**，奉旨撰记，欲上推宵**天未明**旰** gàn 日已昏**图治之切者，勒**刻**诸**之于**贞**美**珉**石。**他若留连**徘徊不去**光景**风景**之辞，皆略而不陈，惧亵**轻视**也。**

天未明就穿好衣服工作，日已昏才吃晚饭，形容皇帝治国勤劳。

"留连"，流连。孟子："从流下而忘反谓之流，从流上而忘反谓之连。"注释：从上游顺流玩到下游，乐而忘返，叫流；从下游逆水玩到上游，乐而忘返，叫连。流连光景，贪恋美景（可以加上美食、美人、美好的音乐和繁华热闹的场面），宋濂说我不描述这些，免得把阅江楼的形象破坏了。

宋濂以儒家思想排斥纯粹审美，一切"泛政治化"。他把皇帝该做的说成皇帝想做的，把皇上没做的说成皇帝正在做的，这是他进谏的方式。文章华国，大国大君大文豪大手笔，文气与国势相应，明太祖称他为开国第一文臣。

此文可与范仲淹《岳阳楼记》对照阅读。

体会不同的身份，不同的角度，不同的对象，而有不同的文章。庐山"横看成岭侧成峰"，世事人生也是如此，文章向世事人生取材，当然也不免如此，文学因此而丰富，作家身上也因此贴了标签。

文章有抒情遣兴之文，经国济世之文。艺术者或为人生而艺术，或为艺术而艺术。文学有江湖文学、台阁文学。

社会都需要,个人有偏好,不必互相诋毁。

就创作过程来说,文学作品有胎生和卵生之分。胎生,作家因自己的生活经验而生思想情感,如妇女怀孕,经过充分的酝酿,自然产生,不必经过设计,不必符合别人定的规格。卵生,如母鸡孵卵,别的鸡生出来的卵,甚至鸭子生出来的卵,都可以交给它孵,它以自己的热情与专注,使这些卵生出肌肉骨骼羽毛,生命有了依托。

王尔德说"为我自己而艺术",这是胎生。革命家要求文学创作"领导出思想,群众出生活,作家出技巧",这是卵生。在《古文观止》里面,《赤壁赋》《祭十二郎文》由自己腑肺流出,是胎生;《讨武曌檄》和《阅江楼记》受命满足别人的需要,发生预期的客观效果,是卵生。纯粹卵生难有好文章,《讨武曌檄》和《阅江楼记》里面,作者都趁机说出自己本来要说的话,可称为胎生和卵生的天作之合,所以也都成了经典。

11. 方孝孺：豫让论

豫让，春秋时晋人。那时实行封建制度，周天子把土地分封给诸侯，让他们为君为王，称之为"国"。国君再把他的土地分封给贵族，让他们为卿为大夫，称之为"家"。这个家不是宝盖头底下一窝猪，这个家有宫室，有冠盖，有兵马，还有一些奇才异能之人。

晋国本来有六卿，他们之间互相斗争，其中两家灭亡了，还有四家。后来势力比较小的三家联合起来，灭掉势力最大的那一家。在历史大舞台上这一连串戏码之后，豫让以一个刺客的身份上场，主演了一出奇情悲剧，《史记》有一章刺客列传，豫让名列第三。

六卿治国时，豫让在中行氏门下做事。范氏、中行氏灭亡，豫让为智氏所用。智氏的领导人智伯能力很强，他是晋国的"正卿"，势力最大。智伯有一个致命的弱点：非常贪婪，贪婪使人丧失智慧，贪婪的人有了权势，他在夺取的时候很专横，所以他犯了致命的错误。他本想逐步并吞其余三家，反而被三家联手覆灭，智伯被杀，豫让矢志为故主复仇。他的行为，你说是壮烈也好，你说是悲惨也好，你说是大智大勇也好，你说是走火入魔也好，总之是古今罕见罕闻的一个异人，种种经过，下面随着《豫让论》文章的走势，随机做出说明。

豫让使我们容易了解信陵君救赵的那些人物。那些人物，包括侯生、如姬、朱亥，又使我们容易了解豫让。《豫让论》和《信陵君救赵论》可以互相做对方的注释。

《豫让论》的作者方孝孺，也是一位使你伤心惨目或者顶礼膜拜的人物，由他来写豫让，可以说是难得的配搭。

他是浙江宁波宁海人，宋濂的学生，从小聪明好学，六岁能做诗，每天读书一寸厚。他后来做了明惠帝的老师，惠帝非常信任他，有时请他代批臣下的奏章。惠帝削藩，方孝孺参与策划，燕王以"清君侧"为名造反，惠帝平乱，方孝孺参与军机。燕王上下团结一心，惠帝的军政首长不能认真执行朝廷的谋略，战争节节失利，燕王的军队包围南京，守军居然开门迎敌。

燕王棣攻陷南京，即帝位，历史上称为明成祖。"成功的政变不是政变"，朝中大臣纷纷拥护新主，方孝孺坚决不从。燕王得位，需要有名望的大臣草诏书，昭告天下，方孝孺拒绝，当面骂燕王是篡贼。成祖问他：你难道不怕灭九族吗？他说：即使灭十族我也不怕。这是历史上非常著名的一段对话。

成祖果然下令灭方孝孺的九族，再加上朋友和学生，凑足十族之数。史书上说，方孝孺一案，八百多人被杀，一千三百多人流放。这么多人一次杀不完，接连杀了好多天，行刑者把当天要处决的人带到大牢里去，让方孝孺看见他害死了这些人。刽子手当着方孝孺的面处决他的弟弟。

方孝孺始终不肯屈服，他受的是磔 zhé 刑，割裂肢体而死，类似"五马分尸"，死时四十六岁。

方孝孺主张作文要"神会于心"。"神"这个字和"气"一样，很难解释。"神而明之，存乎真人"，好像是说作家的心智和艺术的奥妙再无隔阂。这样说对我们写作好像没什么帮助。方孝孺反对摹仿别人，他也许教我们有神来之笔,现在许多人认为"神来"就是灵感,也许他教我们写作要培养灵感。

士君子立身事主,既名知已,则当竭尽智谋,忠告善道,销患于未形,保治于未然,俾身全而主安。生为名臣,死为上鬼,垂光百世,照耀简策,斯为美也。

"士君子",本来都是做大官的人,后来泛指上流社会在学问和道德方面具备一定水平的人。这样的人跟随某个大人物做事,一生有了奋斗的目标,既然认为领导人最了解我最重用我,就应当把智慧能力都用在他身上,如果他做错了,诚恳地告诉他,婉转地告诉他,消除将要发生的祸患,维护可能丧失的政绩,保全自己也安定政权。这样,你活着是受人称赞的臣子,死了是受人崇拜的灵魂,后世以你为荣,你的事迹是史书最精彩的部分,这才是理想的人生。

苟遇知已,不能扶危于未乱之先,而乃捐躯殒

命于既败之后；钓名沽誉，眩世骇俗，由君子观之，皆所不取也。

以上从正面说，现在由负面说，前立后破。

在这里，作者有个前提，所有的灾祸都有潜伏酝酿期，这个说法跟苏轼在《范增论》里的主张相同，乃是中国古代读书人代代传承的哲学。领导人既然是你的知己，你一定要使祸患在潜伏期消失，不可在灾祸发生无可挽回的时候，才做出某种惊人的动作，突出自己的形象，提高知名度。

钓名沽誉，像钓鱼一样骗来名声，像买卖交易一样换取名声。以名誉为目的物，做出设计来得到目的物，方孝孺对这样的行为不能肯定，不能承认。

盖尝因而论之：豫让臣事智伯，及赵襄子杀智伯，让为之报仇。声名烈烈，虽愚夫愚妇，莫不知其为忠臣义士也。呜呼！让之死固忠矣，惜乎处死之道有未忠者存焉。

叙事简洁，论断悬疑。

赵襄子杀智伯，故事曲折。那时晋国有四家，智氏、赵氏、韩氏、魏氏。智氏最强，主宰国政。智伯贪婪，要赵、魏、韩三家都割一块土地献给晋王，作富国强兵之用，实际上这些土地由他支配，这样既可以削弱三家，又可壮大自己。韩氏、魏氏都照办了，赵襄子拒绝，于是智伯组织联军，要韩、魏一同出兵伐赵。

赵在今天的山西，中枢在今天的太原，那时叫晋阳。智伯联军包围晋阳，久攻不下，智伯引河水灌城，晋阳危急。赵襄子派谋士出城，暗中游说韩、魏，离间他们和智伯的关系。韩氏、魏氏也知道智伯的全盘计划，灭赵之后，一步步灭韩、灭魏，最后把晋王的位子夺到手，于是答应和赵襄子合作。韩、魏联军掘开堤坝，引水灌智伯的大营，赵襄子出城和韩、魏联手攻击。一夜之间，智伯全军覆没。

赵襄子最恨智伯，他不但杀死智伯，还把智伯的头骨做成酒器在宴会中使用。豫让立志为智伯报仇，他说出两句名言："士为知己者死，女为悦己者容。"他以赵襄子为复仇的对象。

何也？观其漆身吞炭，谓其友曰："凡吾所为

**者极难,将以愧天下后世之为人臣而怀二心者也。"
谓非忠可乎?**

先让步,使意见不同者看下去。

"漆身吞炭":豫让刺赵襄子,前后两次。第一次在赵襄子家中,失风被捕,赵襄子没杀他,把他放了。他为了再度行刺,拿油漆漆在身上,生了严重的皮肤病,脸型变了。他吞炭破坏声带,嗓音变了。他化装成一个乞丐在外面游荡,连他的妻子也不知道这个人就是豫让。

有一天,他的一个老朋友把他认出来了。朋友说,你这是何苦呢?以你的聪明才智,投奔到赵氏门下做事,一定有机会接近赵襄子,那时候做你要做的事情,不是很方便吗?豫让说,我最恨吃里爬外,我最瞧不起"当面喊万岁,背后下毒手"的做派,我绝不做那种人,我现在要树立一种典型,让那样的人知道惭愧。

你看,这样的人你还能说他不忠?

及观其斩衣三跃,襄子责以不死于中行氏而独死于智伯。让应曰:"中行氏以众人待我,我故以

众人报之；智伯以国士待我，我故以国士报之。"
即此而论，让有余憾矣！

攻击最强的论点。一城破，百城俱下。

豫让侦知赵襄子要从某一座桥上经过，躺在桥底下装死，伺机行刺。赵襄子骑马来到桥头，马忽然受惊不肯前进，赵襄子命令卫队搜索，发现豫让。赵襄子说，我这次不能再放你了。豫让说，你上次放我已是大仁大德，我哪敢希望有第二次。豫让提出一个请求，他说我行刺失败，死不瞑目，请你给我一件你穿的衣服，我死前朝这件衣服上刺三剑。赵襄子就把身上的衣服脱下一件，让卫士拿到豫让面前，豫让大叫一声，跳起来刺那件衣服一剑，连续三次，然后伏剑自杀。小说家言，豫让每刺一剑，赵襄子打一个寒战，事后检视那件衣服，剑刃穿刺的地方有血痕。

赵襄子和豫让对话的时候，曾经质问豫让：你也曾跟中行氏做事，中行氏灭亡，你为什么没替他报仇？你为什么一定要为智伯报仇？豫让说出另外两句名言，他说中行氏以众人待我，我以众人报之；智伯以国士待我，我以国士报之。

豫让和赵襄子在桥头这场对手戏是最高潮,确定了豫让忠义的形象。方孝孺重新诠释豫让的身段和台词,"破"了大家相沿已久的看法。譬如打仗,这是向敌方最坚强的主阵地进攻,攻进司令部,捉到主帅,其他部分就容易收拾了。

段规之事韩康,任章之事魏献,未闻以国士待之也;而规也章也,力劝其主从智伯之请,与之地以骄其志,而速其亡也。

智伯先要韩康割一块土地给他,韩康本来不愿意,韩氏的家臣段规说,智伯向咱们要地,咱们给他,他再向别人要土地,别人不给他,他们之间的矛盾升高,冲突白热化,形势对咱们有利。韩康听从段规的劝告,后来证明他是正确的。我们并没有听说韩康以国士待段规啊!

智伯又向魏献索地,魏献本来也不愿意,魏氏的家臣任章说,咱们也答应他,让智伯更骄傲,诸侯必定对他更疏远,对我们更亲近,大家更团结,智伯更孤立,这是好现象。魏献听从他,后来证明他也是正确的。我们并没有听说魏献以国士待任章啊!

郄疵之事智伯,亦未尝以国士待之也;而疵能察韩、魏之情以谏智伯。虽不用其言以至灭亡,而疵之智谋忠告,已无愧于心也。

说到郄疵,这人更了不起,他是智伯的谋士,智伯组织联军攻打赵国,郄疵随军出征。智伯水灌晋阳,赵襄子的处境非常危险,郄疵对智伯说,韩、魏两军要叛变了。智伯问,你怎么知道?郄疵说,现在眼看大获全胜,韩康、魏献的表情反而很沉重,证明他们有二心。智伯不听,认为韩、魏不敢有别的想法,可是韩、魏真的和赵襄子联手了。智伯并没有以国士待郄疵啊!

段规、任章、郄疵才算是忠心耿耿,豫让比他们差远了。

郄疵的故事后半段也很精彩。他推断韩、魏反叛,智伯不信,反倒把这番话告诉韩康、魏献,可能是逼他们二人表态,二人当然表示效忠到底。韩康、魏献离开智伯的时候,郄疵正好走进来,三人在门外相遇。郄疵看韩、魏两人神色不对,料定智伯对他们泄了底,进来问智伯,智伯把刚才和韩、魏的对话又说一遍。郄疵一听，糟了，韩、魏逼上梁山，再也不能拖延，他们起事就在眼前了，韩、魏、赵一旦联手打进来，哪有他的活命？他马上想出一个理由，建议智伯派人到齐国办一点外交，他自己愿意担任使者，智伯答应了。水淹智伯大营的那一夜，郄疵逃过了这一劫。

让既自谓智伯待以国士矣，国士，济国之士也。当伯请地无厌之日，纵欲荒暴之时，为让者正宜陈力就列在位尽力**，谆谆然而告之曰："诸侯大夫，各受分地，无相侵夺，古之制也。今无故而取地于人，人不与，而吾之忿心必生；与之，则吾之骄心以起。忿必争，争必败；骄必傲，傲必亡。"谆切恳告，谏不从，再谏之；再谏不从，三谏之；三谏不从，移其伏剑之死，死于是日。伯虽顽冥不灵，感其至诚，庶几复悟。和韩、魏，释赵围，保全智宗，守其祭祀。若然，则让虽死犹生也，岂不胜于斩衣而死乎？**

与唐顺之论信陵君同,儒家主调。

> 让于此时,曾无一语开悟主心,视伯之危亡,犹越人视秦人之肥瘠也。袖手旁观,坐待成败,国士之报,曾若是乎?
> 智伯既死,而乃不胜血气之悻悻,甘自附于刺客之流。何足道哉!何足道哉!

顺手收拾次要阵地。

> 虽然,以国士而论,豫让固不足以当矣;彼朝为仇敌,暮为君臣,腆然而自得者,又让之罪人也。噫!

荆轲刺秦王,专诸刺王僚,王僚之子庆忌逃亡,要离刺庆忌,聂政刺韩傀。《史记》有《刺客列传》,《古文观止》未收。

行刺曾经是政治斗争或私人报复的重要手段,刺客有他的专业修养,身段台词,有他的取与不取、为与不为,几乎形成一种"文化"。像专诸刺王僚，他要等到自己的母亲终其天年，才接下这个必死的任务。像要离刺庆忌，任务完成以后拒绝任何赏赐，反而自杀。他为了行刺，先要成为庆忌的亲信，为了成为亲信，残害自己的肢体、牺牲自己的家人，他不是为了荣华富贵，他要明志。卫王派刺客杀赵盾，赵府院子里有一棵大树，枝叶茂密，刺客藏在树上，等待时机。经过昼夜观察，刺客发现赵盾是君子、是忠臣，这样的人他不能杀，但是他怎么回去交差呢？无奈他在那棵大树上碰死了，死前还给赵盾留下信息，要他小心。

孙中山领导革命的时候，邹容著《革命军》，肯定行刺是最经济的手段，你只要牺牲一个同志，就能解决一场战争才可以解决的问题。那时国民党阵营也可以写一篇《刺客列传》，连汪精卫也曾打算"引刀成一快"。"七七事变"发生后，爱国志士在上海、南京刺杀汉奸，也曾经有一阵轰轰烈烈。

现在观念改变，反对暗杀。有冤有仇不能自己直接报复，自力报复往往过当，也破坏社会秩序。现代政府的大政方针不是一两个人决定的，也不是一两个人可以改变的，杀死某一个人无济于事。暗杀并不是最经济的手段，这边牺牲的一定是一个优秀的、忠贞的同志，那边不过减少了一个落伍的官僚，这是很大的浪费。因此，豫让行刺的价值已不必劳神，我们今天读《豫让论》只剩下吸收文学营养、观摩写作技巧了。

12. 唐顺之：信陵君救赵论

信陵君，魏昭王的儿子，安釐王同父异母的弟弟，战国四公子之一，其他三位：齐国的孟尝君，齐威王的孙子，齐宣王同父异母的弟弟，做过宰相；赵国的平原君，赵武灵王之子，惠文王之弟，做过宰相；楚国的春申君，在楚考烈王时做过宰相。

战国时代，封建制度崩溃，原来依附封建领主的"士"各谋出路，奔走各国，游说谋划，无固定立场，称为"游士"。像战国四公子这样的人，国王都分给他们很多的土地，等于新型的封建领主，他们收容游士，储备人才，称为"养士"。

窃符救赵的故事牵涉三个国家：秦国、赵国、魏国。涉及两位公子：赵国平原君、魏国信陵君。秦围赵都，赵平原君之妻是魏信陵君的姐姐，向魏求救。魏安釐王派大将晋鄙率兵救赵，但没有投入战争的决心，大军行至边境，观望不前。信陵君用侯生计，贿赂魏王宠姬，窃兵符，杀魏将，夺兵权，解赵都之围。

信陵君接管军队的经过很惊险，虽然虎符合一，魏军统帅晋鄙仍然说要向国君请示。这时紧跟在信陵君身旁的朱亥取出"椎"来杀死晋鄙。朱亥本是屠夫，诗人说"仗义半从屠狗辈，负心多是读书人"。樊哙，鸿门宴救刘邦；高渐离，演奏音乐时谋刺秦王。这两个人也是"屠狗辈"。

论，文体名。主要以对人或事的议论为内容。科举时代与诗赋同为考试项目，朝廷从文章看考生的学问见解抱负。

语言文字有记叙、议论、抒情等功能。我们写记叙文，目的在使人"知"，文章优劣要看你说的是真是假（例如台南风灾，灾民数十万人）。我们写议论文，目的在使人同意，文章优劣要看你说的是对是错（例如我们应该捐出一个月的收入救济灾民）。抒情文旨在使人"感"，文章优劣在读者是否受到感动（例如我的太太是世界上最好的女人）。

在这篇文章里，唐顺之要说的是，信陵君救赵，到底是做对了,还是做错了?我们读完了这篇文章,要回答的是,你对唐顺之的意见是赞成还是反对?

唐顺之,江苏人。明代中叶大学问家,古文名家。

论者政论家**以窃符**偷兵符**为信陵君之罪**名词**,余以为此未足以罪**动词**信陵也。**

开门见山,显示有独特见解。第一句"立",第二句"破",针锋相对。两个"罪"字变换词性接连使用,文笔灵活。

夫发语词**强秦之暴**凶狠**亟**紧急**矣,今悉**全数**兵以临**自上而下加入**赵,赵必亡。赵,魏之障**遮风挡雨**也。赵亡,则**那么**魏且**就要**为之**赵**后。赵、魏,又楚、燕、齐诸国之障也,赵、魏亡,则楚、燕、齐诸国为之**赵魏**后。天下之势**形势**,未有岌岌** jí 形容危险**于此者也。**

推论当时形势,简单扼要,层次分明。颇似今天的"骨牌效应"。我们早已读到今人用白话解释骨牌效应的文字,现在又看到古人怎样用文言申说它,我们再把文言转成白话,利用各种机会观摩"同一事物不同的说辞"。

秦是六国公敌,帮助任何一国抗秦就是帮助全体,强化无罪论。

故救赵者,亦以救魏;救一国者,亦以救六国也。窃魏之符,以纾解除**魏之患**祸难**;借一国之师**军队**,以分六国之灾,夫奚**何**不可者?**

反过来推论一次,与上一段无罪呼应。
熟悉文言的特殊句法:夫奚不可者?

然则信陵果无罪乎?曰:又不然也。余所诛责备**者,信陵君之心**用心**也。**

无罪似已定案,"然则"一语推翻。古文中常用前面的让步造成这种奇峰,所谓"将欲取之,必先予之"。今人累积当代经验,发现对方往往断章取义,把你让步的、假设的句子当作断案,到处宣扬,硬说你赞成他,不提你后面反对他。大多数作家已经把这种写法放弃了。

诛心：在内为用心，在外为行为，诛心是动机论。如同法律讲犯意、犯行，诛心是追究犯意。有动机而无行为，（见财起意），法律不能处罚，诛心者可以口诛笔伐，动机卑鄙而行为正大，诛心者仍可以负面的看法予以否定。

信陵一公子<small>魏王同父异母之弟</small>**耳而已，魏固**<small>本来</small>**有王也，赵不请救于王，而谆谆**<small>zhūn 反复再三</small>**焉请救于信陵。是赵知有信陵，不知有王也。平原君**<small>赵国的相国</small>**以婚姻**<small>平原是信陵之姐夫</small>**激信陵，而信陵亦自以婚姻之故，欲急救赵，是信陵知有婚姻，不知有王也。**

魏军不能投入战场，平原君急了，他是信陵君的姐夫，连续写信向信陵告急，非常迫切，最后连这样的话都说出来：我们当初高攀你这门亲戚，原是以为你怎样怎样，可是现在想不到你怎样怎样……信陵一看，也急了。

唐顺之说，信陵君只是魏国皇室的一个成员，魏国大政应该由魏王决定，赵国有难，应该向魏国国王求救，信陵君关切赵国安危,应该向魏王建议救赵。拿唱戏做比喻,各有各的角色、各有各的台词,信陵君怎么可以把国王的戏全唱了?他心中没有国王,这才是他的罪。

依唐顺之的看法,信陵君窃符救赵是行为可取,动机不可原谅。

提出诛心之后,立即用两个"不知"加以推论,扩大、占领阵地,以下反复申述,使人想起丘吉尔说的像打铁一样反复捶打。今天的白话文,尤其是演说稿,也可以这样写。

其他窃符也,非为魏也,非为六国也,为赵焉耳罢了;非为赵也,为一平原君耳。使祸不在赵,而在他国,则虽撤魏之障,虽撤六国之障,信陵亦必不救。使赵无平原,或平原而非信陵之姻戚,虽赵亡,信陵亦必不救。

注意文言句法:"为赵焉耳"。

二捶打,用四个"为"字。

信陵君窃符,不是为魏国,不是为六国,甚至也不是为赵国,不符合"无罪论"要件。救赵虽然成功,虽然阻挡了强秦的扩张,增加了赵魏的安全,那并非信陵君的本意,那是事件发展而生的自然效应,信陵君挨不上边儿。唐顺之扩大"动机论"掩没行为的效果,这在艺术手法上称为"无所不用其极"。

注意文言句法,这一段有四个"也"字,上一段也有四个"也"字,这些字使语气舒缓,如同可以听见拖长了的腔调。因此这篇文章虽步步紧逼,不容信陵喘息,读来仍然舒卷自如。

则是赵王与社稷领土人民**之轻重,不能当**抵一**平原公子;而魏之兵甲**军队**,所恃**仗着**以固**保卫**其社稷者,只**只是**以**拿来**供信陵君一姻戚之用。幸而战胜,可也;不幸战不胜,为虏**俘虏**于秦,是倾魏国数百年社稷以殉**陪葬姻戚,吾不知信陵何以谢**认错**魏王也?**

三捶打,为"诛"加力。

用推论指出信陵君的行为很危险,唐顺之在确立"动机论"之后,乘胜顺势把行为的正当性打了很大的折扣,等于收回了文章开头的让步，至此，他完全说服了读者。

夫窃符之计，盖出于侯生侯嬴**，而如姬**魏王的宠姬**成之也。侯生教公子以窃符，如姬为公子窃符于王之卧内，是二人亦知有信陵，不知有王也。**

动机论定罪，再扩大株连同谋共犯，确定"不知有王"才是他们共同的罪行。

信陵无法使魏军前进，打算自己组织一小型车队冲向秦军阵地，以死报平原，他门下的宾客有些人愿意一同赴难。侯嬴是看守城门的人，他拦住车队，劝信陵君不要白白牺牲，献上"窃符"之计。他知道如姬曾受信陵的恩惠，很想报答，现在如姬深得魏王宠爱，有机会偷窃兵符。信陵如计而行，果然成功。出人意料，侯生却自杀了。

大概侯生预料献计之后他已没有生存的空间，如果事机败露，信陵会怀疑他泄密，如果计划成功，魏王终有一天追查到他身上，不管哪一种结果，他都没法活下去。但春秋战国有轻生仗义的风气，他仍然献计，并且自杀。

余以为信陵之自为计好好为自己打算，**曷若**何如**以唇齿之势**唇亡齿寒，**激**强烈**谏**劝**于王；不听，则以其欲死秦师者，而死于魏王之前，王必悟矣。侯生为信陵计，曷若见魏王而说**shuì 说服**之救赵；不听，则以其欲死信陵君者，而死于魏王之前，王亦必悟矣。如姬有意于报信陵，曷若乘王之隙**机会**，而日夜劝之救；不听，则以其欲为公子死者，而死于魏王之前，王亦必悟矣。如此，则信陵君不负魏，亦不负赵；二人不负王，亦不负于信陵君。何为计不出此？**

注意文言句法：何为计不出此？

原来唐顺之写这篇文章，他想建立一个大原则，拿司法做比喻，他借《信陵君窃符救赵论》立下判例，然后阐扬这个判例的精神内涵，成为以后同类案件审判的准则。

唐顺之此文写得很雄辩，有豪气，许多语句反复变化，去而复返，形成强大的说服力。他的意思是，信陵救赵，有必死的决心，可是他要死，就死在魏王面前。侯生、如姬帮助信陵，也都有必死的决心，可是他们要死，也该死在魏王面前。经过他们轮流死谏，魏王一定出兵救赵，赵国保全了，魏国安全了，信陵、侯生、如姬，每个人的心愿也都实现了，魏王的尊严也树立了，那才是最好的结局，对信陵而言，那才是最好的办法。

王权至上，这是大一统的国家观念，唐顺之忽略了春秋战国时代流行"各为其主"，没有这样的观念。

信陵知有婚姻之赵，不知有王。内则幸姬，外则邻国，贱则夷门野人，又皆知有公子，不知有王。则是魏仅有一孤王耳。

捶打王权论，谴责魏国王权衰落，私情至上。

呜呼，自世之衰，人皆习于背公死党之行，而忘守节奉公之道；有重相权力很大的宰相**而无威**严**的君，有私仇而无义愤。如秦人知有穰**ráng**侯**秦相**，不知有秦王；虞卿知有布衣**平民**之交，不知有赵王**为救朋友弃官逃亡。**盖君若赘旒**无用的装饰**久矣！**

王权论二捶打,由魏国扩大到各国。穰侯,秦相,声名比秦王大;虞卿,赵国上卿,声名大过赵王。

赘旒,旗上飘带。

由此言之,信陵之罪,固不专系乎符之窃不窃也。其为魏也,为六国也,纵窃符犹可;其为赵也,为一亲戚也,纵求符于王,而公然得之,亦罪也。

诛心论与王权论结合,否定信陵行为的正当性,意义重复,言辞不重复。

一件事翻来覆去说了又说,多半会如酒掺水,越说越乏味,可是这篇文章翻来覆去越说越有张力,越说越有密度,这才是"打铁",这才是我们要取法的地方。

虽然,魏王亦不得为无罪过失**也,兵符藏于卧内,信陵亦安得窃之?信陵不忌**怕**魏王,而径**直接**请之如姬,其素**平时**窥**看到**魏王之疏**不密**也;如姬不忌魏王,而敢于窃符,其素恃魏王之宠也。木朽而蛀生之矣。**

本可结束，又立奇峰。荀子的学说里有两个名词：君道、臣道，唐顺之看来，信陵等人失臣道，魏王失君道。

古者人君持权于上，而内外莫敢不肃敬畏**，则信陵安得**怎能**树私交于赵？赵安得私请救于信陵？如姬安得衔**含在口中**信陵之恩？信陵安得卖恩**施惠于**如姬？履**踩到**霜之渐**慢慢地发展**，岂一朝一夕也哉？由此言之，不特众人不知有王，王亦自为赘旒也。**

"履霜坚冰至"，踏到霜，就可以知道快要"千里冰封，万里雪飘"了。魏王平时马马虎虎，早晚会发生"窃符"这样的事情。

魏王陷入私情小圈圈，自毁王权尊严。文章前面重点在臣道，最后重点落在君道上，魏王君道有亏，造成臣道有亏，责任最大。有"春秋责贤"的意思。

孔子曰："君君，臣臣。"通常解释二者为平行关系，君尽君道，臣尽臣道，各守本分。有人解释为因果关系，君君而后臣臣，君不君则臣不臣矣。秦涧泉的诗："一朝天子一朝臣"，有宋高宗才有秦桧。

故信陵君可以为人臣植树立**党之戒，魏王可以为人君失权之戒。《春秋》书"葬原仲""翚** huī **帅师"。嗟乎！圣人之为虑深矣。**

《春秋》谨严，讲究一字褒贬。公子友，鲁国人；原仲，陈国人。葬原仲，公子友未经批准，私自到陈国参加原仲的葬礼。《春秋》特别把这件事记下来，让天下后世知道公子友做错了。

"翚帅师"：宋国要求鲁国一同出兵攻打郑国，鲁君本不愿意，可是鲁国的公子翚影响力很大，经他再三催促，鲁君勉强答应。《春秋》用"翚帅师"来记载这件事情，让天下后世知道公子翚做错了。后来，公子翚因自己的利益杀死鲁隐公，唐顺之引用这段历史，也许还有"履霜坚冰至"的寓意。

唐顺之写《信陵君窃符救赵论》，使我们想起前人留下的成语：议论纵横，议论风生。"纵横"，我们不要受"合纵连横"那个典故的限制，可以观摩唐顺之怎样向前延伸，怎样左右扩展，纵横自如，无法阻挡。风生，未必指有趣，更重要的是文章有饱满的张力，如风一样笼罩着读者。

他用的"反复捶打"比较可以言传，也有人说这种经营布局像烙饼，烙了 a 面烙 b 面。这种写法在古人典籍中很多，例如《心经》：

a 面：色不异空，空不异色。

b 面：色即是空，空即是色。

a 面：诸法空相，不生不灭，不垢不净，不增不减。

b 面：空中无色，无受想行识，无眼耳鼻舌身意，无色声香味触法。无眼界，乃至无意识界，无无明，亦无无明尽，乃至无老死，亦无老死尽，无苦集灭道，无智亦无得。

例如《大学》：

a 面：古之欲明明德于天下者，先治其国；欲治其国者，先齐其家；欲齐其家者，先修其身；欲修其身者，先正其心；欲正其心者，先诚其意；欲诚其意者，先致其知。致知在格物。

b 面：物格而后知至，知至而后意诚，意诚而后心正，心正而后身修，身修而后家齐，家齐而后国治，国治而后天下平。

13. 骆宾王：为徐敬业讨武曌檄

檄（xí），古代的官方文书，类似今天的通电、宣言，多用于军事行动。曌，同"照"。武则天造了十九个新字，用这个字做自己的名字。古代女子可能没有名字，即使有名字也不够庄严宏大。武氏入宫，太宗为她取名武媚，做皇帝当然不能用这样的名字。"曌"字明并日月，照临万物，够气派。

中国传统用"日"代表皇帝，"日"为阳，为男，武则天加上"月"，"月"为阴，为女，这是她的女权思想。那时丧制，父亲死了守孝三年，倘若母亲死了，父亲还在，只守一年。她称帝后，诏令母亲死了一律守孝三年。男性皇帝有三宫六院，她这个女皇帝也公然蓄养男宠。她是中国女性主义的前驱。

徐敬业,元勋徐勣之孙。徐勣有功,皇帝赐他姓李,成为皇室一员,所以也叫李勣,徐敬业也叫李敬业,承袭祖父英国公的爵位。睿宗时在扬州起兵讨伐武则天,兵败被杀。

武则天与汉吕后、清慈禧,为中国历史上三个权力最大的皇后,"男人管理世界,女人管理男人"。武则天祖籍山西,太宗才人,高宗皇后,因高宗患头风代理朝政,后与高宗并坐临朝,称为"二圣"。高宗死,废中宗,立睿宗,又自立为武周皇帝。晚年病重,大臣发动兵变,迫武氏让位,天下复归李唐。

武氏听政五十年,历经皇后、皇太后、皇帝三阶段。其间称帝十五年。八十二岁还政后死亡。

骆宾王,今浙江人。七岁作《咏鹅诗》:"鹅,鹅,鹅,曲项向天歌。白毛浮绿水,红掌拨清波。"对日抗战发生前,这首诗一度选入小学的教科书。骆宾王长大后成为著名的诗人,与王勃、杨炯、卢照邻合称"初唐四杰"。杜甫有诗推许他们:"王杨卢骆当时体,轻薄为文哂未休。尔曹身与名俱灭,不废江河万古流。"

骆宾王曾在山东做县长,也做过京官,仕途不顺。薛仁贵征西时从军,战后入朝,为人构陷以贪污罪入狱,时年过五十,大受挫折。

武则天废中宗,立睿宗,任用特务大杀唐宗室。特务有《罗织经》,兴狱办案如网罗,如编织,无中可以生有。特务兴狱又以"瓜蔓卷"为经典。瓜蔓,植物有细长而能攀绕他物的茎,延长,发展,把本来无关的他物一棵一棵连在一起,称为"株连"。现代流行的成语"顺藤摸瓜",脱胎于此。

徐敬业起兵讨伐武则天,骆宾王起草了著名的《为徐敬业讨武曌檄》,敬业败后,宾王不知所终,有人说他被杀,有人说他自杀,有人说他出家为僧。徐家被满门抄斩,徐勋遭开棺戮尸。

大多数人相信他做了和尚,舍不得他死。那时,中国户籍制度不严密,和尚又在方外,容易藏身。如果他在兵败后还活着,只要有一首诗外传,他的身份立刻露馅儿。他始终未再作诗,诗才难掩,他的定力过人。但也可惜,唐诗少了一些光辉。

伪不合法**临朝**执政**武氏者，性非和顺，地**社会地位**实寒微。昔充太宗下陈**工作低贱**，曾以更衣**伺候皇帝换衣服**入侍。**

第一句以散文起句，以下用骈体句法。伪，假的，我们不承认。君主时代，权力的转移也有合法的程序。第一个字即下了致命的判决，斩钉截铁，毫不留情，攻罩门死穴。

先说武氏先天本性不好，后天出身也不好，然后上进的路子也不正常。

"下陈"，类似储藏室或仓房，也有人说是职务卑贱的人集中等候差遣的地方。据说，武氏入宫后管理皇帝穿的衣服，伺候皇帝换衣服。皇帝一天要换好几次衣服，因此，她可以常常和皇帝见面。

"更衣"也是上厕所的另一种说法，好像今天说我洗个手，我补补妆，我打个电话，我活动一下，或者我喝多了。古代富贵人家服装宽大复杂，还要佩戴饰物，厕所设备简陋，如厕要更衣。民国初期，绅士穿西装，西裤要保持笔直的裤线，如厕也要更衣。檄文用语双关，贬低武氏。

"充"，只是一个人头、一个数目字，贬义，连站在门房都勉强,怎么能坐在主席台上。

从历史上否定武氏。

洎及**乎晚节,秽乱春宫**太子所居东宫。**潜隐先帝之私,阴图后房之嬖** bì 爱。**入门见**表现**嫉**性情嫉妒,**蛾眉不肯让人;掩袖工**擅长,**专精逸**说谎陷害别人,**狐**妖术**媚**讨好**偏能惑主。践**占用**元后**皇后**于翚** huī **翟** dí 皇后的车服,**陷吾君于聚麀** yōu 乱伦。

不说晚年说晚节,暗示武后晚年没有节操。古人特别强调晚节,晚年提高自己对道德的要求,可以掩盖青壮时代的过犯。这是中国古人无神论的救赎观,老而无德,无可救药。

太宗生病,太子与武则天一同侍候,产生了感情。太子居东宫,五行家以春季配东方,故称太子所居住的宫殿为"春宫"。但此时并非武氏晚年。武氏十四岁(或十五岁)入宫。太宗死时,武后只有二十五岁(或二十六岁)。有人解释"晚"是"长大以后"。也有人说,晚节指太宗死后武氏应该守节。

唐太宗死，武则天出家，依当时的说法，一入空门，她就不再是原来那个叫"武媚"的女子了，还俗以后，她就是再世为人了，她和太宗、高宗都毫无关系了。高宗可以迎她入宫做自己的女人。这年，武则天二十七岁（或二十八岁）。骆宾王指控武氏蓄意隐瞒自己的历史。

古代女子教育强调不嫉妒，尤戒争风吃醋。骆宾王强调武则天嫉妒，品性教养都不好。起心动念，先从眼球泄密，眉毛扬起。古代女子化妆，把眉毛剃去，画一条又细又长的假眉毛。眉毛胡子是男性特征，故曰须眉男子。

战国时期，楚怀王最宠爱的妃子叫郑袖，魏国向楚王表示友好，送给楚王一个绝色美女。郑袖处处照顾这个新来的女子，得到她的信任，然后告诉她，大王讨厌人的鼻息，于是魏国美女在楚王面前用衣袖遮住鼻子。怀王问郑袖是什么原因。郑袖说，她说大王身上有臭味，楚王听了非常生气，下令把魏国美女的鼻子割掉了。

狐狸有妖术，可迷惑正人君子。这叫妖魔化，表示男人对女人的影响力有恐惧。

高宗封武氏为皇后。翚翟，山鸡的羽毛，皇后的车服绣着这种羽毛的图案，象征皇后的德行。骆宾王说，武氏践踏了、糟蹋了皇后的车服,她用皇后的宫室车服仪仗伪装自己,没有皇后的美德。

麀,母鹿。雄鹿父子共牝。武氏外表像山雉,其实是母鹿。这是非常严重的谴责。

加以<u>虺 huǐ 蜴 yì 毒虫为心,豺狼成性。近狎</u>亲近,不庄重**邪僻**不走正道的人,**残害忠良。杀姊屠兄,弑君鸩**毒死**母。神人之所共嫉,天地之所不容。**

再进一层谴责。从现况否定武氏。

武氏任用酷吏,奖励告密,陷害许多大臣和唐室宗亲。

杀姊屠兄弑君鸩母,历史无此记载。有人说,杀姊指杀高宗喜欢的魏国夫人。武氏与魏国夫人一同侍奉高宗,关系如同姊妹。屠兄是把两个哥哥流放边疆,生活很苦,两人都死在边疆,等于被武氏杀害。弑君,高宗生了"头风"病,服药无效,医生建议用针灸,武氏反对,以致高宗没有得到最后的治疗。鸩母,武氏毒死王皇后,皇后是国母。这不是根据事实控罪,而是根据对事实的"解释"控罪,口诛笔伐常常如此。

太宗去世，武氏出家，她能再度进宫，出于王皇后策划。王皇后暗示她把头发留起来，又引导高宗和她见面，旧情复燃。武氏入宫后志在做皇后，不择手段，她生了第一个女儿，王皇后前往探视，武氏趁此机会掐死女婴，硬说是皇后下了毒手。司马光把这件事情写在《资治通鉴》里。高宗大怒，开始有废后之意。不久，高宗立武氏为后，武后马上派人把王皇后毒死。

犹复还要**包藏祸心，窥窃神器**帝位。**君之爱子，幽之于别宫；贼**武氏**之宗**同姓**盟**同党**，委之以重任。**

高宗死，中宗立，武氏废中宗。另立睿宗，加以幽禁。徐敬业造反即在此时。

武氏叔伯内侄都做大官握重权。

再进一层。谴责达最高峰。忍无可忍。为将来否定武氏。

呜呼！霍子孟西汉霍光**之不作，朱虚侯**西汉刘章**之已亡**无**。燕**赵飞燕**啄皇孙，知汉祚** zuò 福命**之将尽。龙漦** chí 口涎**帝后**褒姒的故事**，识夏**夏代**庭之遽** jù 急速**衰。**

霍光，西汉政治家。昭帝无子，霍光立武帝孙昌邑王即位，昌邑王无道，霍光再立武帝曾孙继位，即宣帝，稳定汉室。

刘章，汉高祖刘邦之孙，与大臣合谋从吕后手中夺回政权。

汉成帝的皇后赵飞燕，发现宫女一旦有孕，立刻将之杀死，当时民谣说"燕啄皇孙"。武则天也杀害或废掉多位王子，今之飞燕。

"龙漦帝后"，漦，各家字典注音有差异，或与"时"同音，或与"池"同音，或与"私"同音，今读chí，从多数。

龙漦帝后，故事曲折。相传夏朝末年，有两条龙来到皇庭，留下"漦"，即唾液。夏帝慎重收藏，经过商朝，传到周朝，周厉王打开看，漦化为玄鼋，进入后宫，宫女感应，怀孕生女，宫女弃婴，为一对夫妇收养，女孩长大了，就是出名的美女褒姒。褒姒入宫，得周幽王宠爱，恶行很多，败坏朝政，一手导演"烽火戏诸侯"的大戏，对西周朝的衰亡有责任。骆宾王以武氏比褒姒。

太史公记述褒姒来历的时候，先说了一句"自夏后氏之衰也"，衰，可以解释为末年，也可以解释为衰落，夏朝衰落，才出现了这么奇怪的两条龙，这两条龙又造成周朝的衰落。骆宾王借褒姒骂武后，应是受太史公影响，写出"龙漦帝后，识夏庭之遽衰"这样的句子来，强调武氏流毒深远。

武氏继续存在，唐祚将尽，唐室遽衰。现在急需霍光、刘章这样的人物！语气停顿，唤起等待。

敬业皇唐旧臣，公侯冢子长子**。奉先帝之成业，荷**负载**本朝之厚恩。宋微子之兴悲，良有以也；袁君山之流涕，岂徒然哉！**

千呼万唤始出来，徐敬业现身。"皇唐旧臣"，让国人记得他家追随高祖太宗的历史，"公侯冢子"，让国人记得他是徐勣英国公爵位的继承人，表明个人历史与武氏区隔，表明身份地位足以号召讨武。

骆宾王拿两个古人比徐敬业，说明徐的使命感和行为的合理化。微子，殷纣之兄，封于宋。殷亡，过殷墟，感伤作歌。袁君山，天天忧国伤悲。有人提出疑问，汉代有个袁安，符合骆宾王需要的条件，但袁安并不叫君山；袁安的儿子号君山，但是并不以忧国伤悲为人所知。倒是有个桓君山，因国政败坏，积忧成疾而死。

檄文造成的效果：徐敬业，幸亏有你，斯人不出，如苍生何！

是用气愤风云，志安社稷国家**。因天下之失望，顺宇内**四方之内**之推心**同心**。**

"气愤风云"，忠义奋发感应天象，或者壮烈之气可以造时势。

社，土神；稷，谷神。国家建庙供奉土神、谷神，以农立国的象征，代表国家。

造势，徐敬业有心。

爰于是**举义旗，以清妖孽**不祥之物**。南连百越**少数民族**，北尽三河**中央地带**。铁骑**骑兵**成群，玉轴**战车相接。海陵红粟，仓储之积靡**无**穷；江浦黄旗，匡**正**复**恢复**之功何远！班声**马鸣**动而北风起，剑气冲而南斗平**齐**。暗** yīn **鸣怒气**则山岳崩颓，叱** chì **咤**

zhà 怒声**则风云变色。以此制敌，何敌不摧？以此图功，何功不克？**

进一步为起义壮声势。徐氏有力。实力第一，着墨多，文辞精彩，说服力、感染力都很强。堆砌出最高潮。句法整齐，想象训练之师。短句快节奏，想象大军神速机动。

百越，南方各地总称。三河，旧时河南、河东、河内的合称。天下之中，王者所居。南连百越，势力直到边疆。北尽三河，势力笼罩国家的心脏地带。

骑兵作战成群出击。战车作战多辆并行冲锋，车轴和车轴在一条线上，军力强大。

"海陵"，江苏泰县，东南粮仓。江浦，今南京对面长江以北，战场，徐敬业在这一带起义。红粟，颜色发红的陈年粟米，存粮丰富，经济力量雄厚。黄旗，正统、正义之旗，道德上具有最大优势。

"班声"，班马的鸣声。班马，将要出发的马。"萧萧班马鸣"。"马鸣风萧萧"。寒冷的风，肃杀之气。"北风卷地白草折"，摧毁力极强。

"剑气"，剑有许多奇迹神话，据说剑有精灵之气，可以摄人魂魄,与星月争辉。

主观的气势可改变外在环境,自然环境也可以来配合主观气势。徐敬业起义,理直气壮,主观条件具足,天与人归,客观条件具足。

起草檄文不能只说人人有责,不能单凭我们十个拼他一个,要说我一个就可以拼他一百个,我是主力,我打前锋,我有胜算,我这个股票上市,你们买了稳赚。

公等或居汉地异姓**,或协周亲**同姓或姻亲**;或膺受重寄于话言,或受顾命**帝王的遗命**于宣室**帝王所居的正室**。言犹在耳,忠岂忘心。一抔**捧**之土未干,六尺之孤何托?**

具体落实在对象身上,你们和我一样义不容辞。这是第一重压力。

高宗已死,凡是高宗任命的大吏,都算是受顾命。皇帝在位的时候,他的命令你或许可以推辞,可以提出反对的理由,皇帝的遗命绝对要奉行,否则不是忠臣。这是第二重压力。

"一抔土",坟墓。"六尺之孤",未成年的孩子,年十五以下。夸大唐室的凄凉单薄,激发各路人马的忠义。这是第三重压力。

"六尺之孤",以身材打动人心。六尺有多高?各时代、各地区的度量衡不同,据说这句话荀子先用,荀子是战国时赵人,定居楚国,赵国、楚国的度量衡难查。若依周朝为准,六尺约等于今天的一百二十厘米。皇家至亲的孩子,这个身材算是孤苦伶仃了吧?五尺之童、六尺之孤、七尺之躯,都是文学语言,不是科学语言,会意就好。

倘能转祸为福,送往往者,高宗**事居**当下,睿宗,**共立勤王**王室有难,地方效忠解救**之勋,无废大君**天子**之命,凡诸爵赏,同指山河**发誓,为证。

第一次煽动。

各位现在都受命于武氏,现在武氏要受清算,诸位有祸,各位的祸可以转换为福。

"送往",与高宗一脉相承。"事居",奉睿宗正统。也可以说,"送往",武则天已是过气的人物,要向她告别。"事居"，面对现实，顺应新形势，跟徐敬业合流。再一次申明徐敬业之正当、正统，领袖地位，把话说死了，但是并没有说白了，可以意会，不引起反感。

君，发号施令的人，有等级。"大君"，最高领袖，指高宗、睿宗，现在徐敬业是大君的代理人。青山不改，绿水长流，我们的诺言也永久不变。高山大河都有神灵，他们可以作你我之间的证人。土地、人民都在这里，将来裂土封侯，你拿去。

煽动非常有力，但心照不宣，雅。

若其眷恋穷城，徘徊歧路，坐昧先几之兆，必贻后至之诛。请看今日之域中，竟是谁家之天下！

再次煽动。

跟着武氏走，已是穷途末路，要当机立断，重新选择。"先几"，预兆、风头、苗头。现在形势很明显，别再坐在那里看不见！当年禹召天下诸侯，防风氏后至，被禹杀死。那是前车之鉴！

"穷城、歧路"，造成心理上的恐慌；"先几、后至"，引发行动上的竞争，煽动力再加强。

结句很出名，天下已非武氏的天下，马上就是睿宗的天下，徐敬业的天下，也是你的天下，是我们共同的天下。激发想象力和参与感。稀有的警句，警察、警报、警告、警醒，使人一惊，集中注意力，预期有不寻常的事件发生。把新形势推到最高点，最后在最有力的煽动中结束。

最后这两句话，今天的白话文学常常引用，不过多用于下棋打赌之类的轻松场合，有喜趣。

檄文前半篇一步步否定武氏，后半篇一步步肯定勤王。军事上以精锐对腐朽，法统上以勤王对篡夺，道德上以正义对邪恶（潜台词以男子汉对女流）。骆宾王动用了一切武器。徐敬业没有地盘，没有嫡系武力，仓促发难，声势浩大，一靠他的门第家世，一靠这篇檄文所造成的"语言的世界"。

檄文是战斗文学，以文学为工具，长自己志气，灭敌人威风，争取第三者的同情和支持。写这种文章要理直气壮，理不直气更壮，输了理没输气。事业失败，文章留下。我们今天研读这种文章是要取法他的"文气"。

写这种文章，作者的立场完全主观，站稳立场，抹杀对方。这是战争,《孙子兵法》说"兵以诈立,以利动",不能有忠恕之心、中庸之道。骂人无好口,只要主体正确,附属的部分往往凭怀疑、传说、曲解、捏造或夸大入文。这不是普通论说文,这是你死我活的斗争,我们不写这种文章,但是我们要会读这种文章,"会看的,看门道;不会看的,看热闹"。我们要会看门道。

武则天读了这篇檄文,对左右说,这样的人才,我们为什么不用?这是宰相失职。不得了,武则天的肯定,比什么文学奖都拉风,骆宾王一个文人,可以死而无憾。武氏工于心计,她对檄文公然做出这样的评价,也许想"拉拢次要的敌人",离间骆宾王和徐敬业的关系。也许想散播一种认识:檄文只是文章写得好而已,事实并非如此,这样削弱檄文的力量。总之,政治复杂,读者的头脑也不能太简单。

武则天如果仔细想一想,她应该发觉,一个政府无论如何不能使所有的人才各尽其用、各得其所,无论如何社会上会有一批人怀才不遇,有志难酬,这一批人有的去念佛,有的去酗酒,有的去生忧郁症,无论如何还会有一些人块垒难消,和体制对着干。这个问题如何解决,中国从没有一个皇帝想过。

14. 韩愈：祭十二郎文

十二郎，韩家大家庭内男孩子的排行，第十二个名叫韩老成，韩愈的侄儿，叔侄年龄相近，患难中二人一同长大。

韩愈的原籍有好几个说法，大概他在河南出生，他的祖先曾在今天的河北省昌黎县居住，他家住在今天河南的孟州。

晚年任吏部侍郎，又称韩吏部。死后称韩文公。唐代大文学家，"唐宋八大家"之首，与柳宗元倡导古文运动，合称"韩柳"。所谓古文运动，就是提倡春秋秦汉时代古朴的散文，抵制自魏晋以来流行的骈俪。苏轼称赞他"文起八代之衰"，八代：东汉、魏、晋、宋、齐、梁、陈、隋。

韩愈有大哥韩会，二哥韩介，三哥韩弇。名字都是人字头，寓有出人头地之意。愈，胜过他人也，据说是受了太太劝告，字"退之"，调剂一下。

韩愈出生未久，母亲就去世了。三岁，父亲也去世了，受大哥韩会抚育，大哥转徙京师、韶州等地做官，都带着他。十二郎韩老成是二哥韩介的儿子，过继给大哥韩会，同由大嫂郑氏抚养，叔侄的感情胜过亲兄弟。韩会病逝广东韶州，韩愈随大嫂郑氏护丧返回河南。后又避难安徽宣城，据说"八仙"中的韩湘子即是十二郎韩老成的孩子。

韩愈到长安参加科举考试，第四次才考中进士。然后再参加吏部的考试，三次都没考取，没有任用资格，得不到官职。三次上书宰相，希望得到举荐，没有回音。第四次考试通过吏部的铨选，被任命为国子监四门博士，他在京师广授门徒，人称"韩门弟子"，在社会上有相当的影响力。当然，学生要交学费，韩愈的经济情形大为改善。

后来他晋升为监察御史，因上书陈述天旱人饥，贬为连州阳山令。这一年，侄子韩老成去世，写《祭十二郎文》。回京后在教育、编修、考试及秘书部门担任重要职务，升刑部侍郎。又因劝唐宪宗"迎佛骨"获罪，被贬为潮州刺史。

唐穆宗即位后召回韩愈，令其先后担任国子监祭酒、兵部侍郎、吏部侍郎、京兆尹兼御史大夫等职,五十七岁病逝。

韩愈名气大,文章好,富贵人家常来求他为先人撰写墓志铭。只要能送上很高的稿费,韩愈一律答应。留下的记载有"受马一匹,并鞍、衔及白玉腰带一条""绢五百匹"。查资料,绢五百匹值四百贯钱,而时韩愈一个月的薪水只有二十五贯钱。墓志铭总是赞美死者,人情应酬不能尽免,怎可拿来当生意做?当时人称为"谀墓"之作,对韩愈很有意见。

年、月、日,季父小叔叔**愈闻汝丧之七日,乃能衔**含**哀致诚,使建中远具时**这个季节**羞**馐,美食**之奠**祭品**,告汝十二郎之灵:**

祭文的一般格式,是先说明致祭的时间,通常事先把祭文写好,日期空在那里,使用时再填上。韩愈祭十二郎,时在德宗贞元十九年五月二十六日。

祭文开头要交代事情:致祭日期、祭者、被祭者,以及两者的关系。

季父，兄弟排行，伯仲叔季，长兄称为"伯"，次兄称为"仲"，其次都称为"叔"，年纪最小的弟弟称为"季"。韩愈上有三兄，所以是季父。

建中，韩愈派去致祭的代表。远具，点出距离。韩在长安，十二郎死于安徽宣城。致祭者就地准备新鲜果菜。

呜呼！叹词**吾少孤**无父**，及长，不省** xǐng 知 **所怙**依靠**，唯兄嫂是依。**

祭文通常先以叹词表示悲伤。韩愈三岁丧父，无父曰孤，无母曰哀，父母俱亡称孤哀子。"少孤"是说从小就是无父无母的孤儿。

"怙"，依靠。《诗经》：无父何怙，因此丧父叫失怙（丧母叫失恃）。所怙，指父亲，不省所怙，不知道父亲是什么样子。

兄嫂，大哥韩会夫妇，十二郎的继父继母。

中年，兄殁死亡**南方，吾与汝俱幼，从嫂归葬河阳。**

大哥韩会被贬到广东韶州后,以四十二岁时病逝任所。大嫂带着两个孩子扶柩由广东归河南河阳,韩愈约十二岁。河阳,韩家祖坟所在地。

中国传统,人死在异乡,他的家属总要把遗体运回来和祖先葬在一起,灵魂还乡,不会漂流在外成为孤魂野鬼。当年交通困难,中国的面积又大,这件事谈何容易,以致传说巫师可以赶着尸体走路,把死者送回老家,这当然不是事实,但是反映了社会的需要。韩会死在广东,韩大嫂带着两个未成年的孩子和灵柩回河南,在当时,这是了不起的德行。

关于韩愈在某一年龄遭遇了某件事故,各家的说法往往相差一岁。例如大哥韩会病逝广东,有人说韩愈十二岁,有人说十一岁。以下有许多地方都是如此,也许是推断年龄时有人用虚岁、有人用实岁?我们"化读",未做考证,但仍然注明年龄,帮助读者了解情况。

既后来**又与汝就食**谋生**江南,零丁**孤单**孤苦,未尝一日相离也。**

江南,安徽宣城,韩家有一点产业,避兵乱到宣城居住。此时,韩愈约十三岁至十九岁。

吾上有三兄,皆不幸早世去世,承先人后者,在孙唯汝,在子唯吾,两世一身,形单影只。

韩愈三个哥哥都死得早,古人因医药卫生落后,死亡率高。韩老成叫十二郎,韩愈叫韩十八,都是同一个祖父的堂兄弟排行,可以看出生育率高。虽然兄弟多,现在孙子一辈只剩下韩老成,儿子一辈只剩下韩愈,也可看出死亡率高,生生死死,都是家难。"伶仃孤苦"固然难过,导致伶仃孤苦的过程更难过。今人写白话文,大概会把这个"过程"写出来。因为今天的读者匆忙粗心,你留白,他多半体会不出来。

以上一步一步写家世,由难,到更难,到最难,层层叠高,步步加深。这种写法也常在白话文学作品中出现,例如冷、更冷、冻僵,或者饿、更饿、饿昏。

嫂尝抚汝指吾而言曰:"韩氏两世代,唯此而

已！"汝时犹小，当不复记忆；吾时虽能记忆，亦未知其言之悲也。**

借着回味，概括以上对伶仃孤苦的缕述，作者的回味也是读者的回味，如作者不回味，读者可能无暇回味。尤其读今天的白话文学和读文言的古典作品不同，今天的作品，大概无缘使读者沉吟咀嚼，如何巧妙地引诱读者反复品味，他们更要讲求。

幼时不知道大嫂的悲，可悲。现在知道了，是悲上加悲。正如当时不知道危险，事后想想更危险。安徒生写《卖火柴的小女孩》，女孩在冻死之前忽然觉得不冷了，接着她就冻死了！更撞击人心。

吾年十九，始来京城。其后四年二十三岁**，而归视汝。又四年**二十七岁**，吾往河阳省** xǐng **坟墓**扫墓**，遇汝从嫂丧**大嫂去世**来葬。又二年**二十九岁**，吾佐董丞相于汴州**今河南开封**，汝来省** xǐng **吾，止**停留**一岁，请归取其孥**妻子**。明年，丞相薨** hōng 去世**，吾去**离开**汴州，汝不果**实现**来。是年，吾佐戎**军中幕僚**徐**

州，使取汝者始行，吾又罢去，汝又不果来。吾念汝从跟着我**于东**徐州在东**，东亦客也，不可以久，图久远者，莫如西**河阳在西**归，将成家**安家**而致**接**汝。呜呼！孰谓汝遽**忽然**去**离开**吾而殁**去世**乎！**

韩愈二十七岁时大嫂去世，服丧一年。古人认为"叔嫂无亲"，本不服丧，韩愈因大嫂有养育之恩，服叔伯之丧。

这段时期，韩愈的工作极不安定。到河南做节度使董晋的幕僚，董晋做过检校尚书左仆射，同中书门下平章事，韩愈称他董丞相。可是董晋死了。古时诸侯死了，叫作薨，唐代二品以上官员死了，也叫薨。韩愈护送董晋的灵柩往洛阳，然后到徐州做节度使张建封的幕僚，不久，张建封也死了，韩愈又离开徐州。韩愈想把十二郎接来同住，没能办到。

这一段，韩愈虽然写得简略，我们不用看地图，也能感受他的奔波。

吾与汝俱少年，以为虽暂相别，终当久相与处，故舍汝而旅食寄居**京师**京城**，以求斗斛** hú 十斗 **之禄。**

诚知其如此,虽万乘shèng 大国**之公相**高官**,吾不以一日辍**chuò 中断**汝而就**接受**也!**

十二郎死时韩愈三十六岁。叔侄三别三会,永别暂会,写得很动人。

去年,孟东野诗人**往,吾书与汝曰:"吾年未四十,而视茫茫**不清楚**,而发苍苍**银白色**,而齿牙动摇。念诸父**父亲一辈**与诸兄,皆康强而早世,如吾之衰者,其能久存乎?吾不可去,汝不肯来,恐旦暮死,而汝抱无涯之戚**哀愁**也。"孰谓少者殁而长者存,强者夭**早死**而病者全乎!**

孟东野即孟郊,《古文观止》有韩愈《送孟东野序》。当时,孟郊在江苏溧阳任职,十二郎住在安徽宣城,两地不远,韩愈在京师与孟郊见面,托他就近带信。

韩愈写这篇祭文的时候三十六岁,所以说年未四十。

呜呼!其信然邪耶**?其梦邪**耶**?其传之非其真**

邪耶？

根据上面的推理，韩愈怀疑死讯也许是误传，也许是他做噩梦，连设三问，不甘接受事实，写得好。

信也，吾兄之盛德而夭其嗣后代**乎？汝之纯明而不克蒙**受**其泽**德泽**乎？少者强者而夭殁、长者衰者而存全乎？未可以为信也！**

化身为二，互相驳难，看似说理，其实是抒情，这是"判断语言之抒情使用"，特别适合长于说理、短于抒情的作家。论者指出这篇祭文虽抒情而能"气势磅礴雄放"，语言的运用是主要因素。

大哥韩会的文章和德行都不错，做官也正派，依中国传统的说法，这样的人会留下某种无形的、有益于世人的东西，他的子女首先承受。韩愈根据此一信念，质疑十二郎的死讯。

梦也，传之非其真也，东野之书，耿兰之报，

何为而在吾侧也？呜呼！其信然矣！

韩愈手中有孟东野的信，有耿兰的家报，都说十二郎死了，事实俱在，推翻了刚才的质疑。

以上三段，说了等于没说。叙事不可如此，抒情往往如此，打个比喻，这不是走路，而是舞蹈，论者认为此文"徘徊悱恻"，指的就是这一特色。

吾兄之盛德而夭其嗣矣！汝之纯明宜业继承家业**其家者，不克**能**蒙其泽矣！所谓天者诚**真的**难测，而神者诚**真的**难明矣！所谓理者不可推，而寿者不可知矣！**

七个问号之后，四个惊叹号，承认事实，但是他认为无法解释。

天道——天如何运作？

天意——天要我们怎么做？

我们读《古文观止》，王安石在《泰州海陵县主簿许君墓志铭》里，柳宗元在他的《柳州游记》里，都曾提出同样的问题。他们都受儒家的教育，依儒家的理念，这样的事情不该发生，怎么发生了？儒家的答案是"不知道"。这是儒家的极限，也是那时儒家对中国人的心灵不能充分照顾之处，有待宗教补足。

就文论文，正因为没有顺畅的出口，情感这才激荡不平，文章这才波澜横生。所以作家常常提出问题而不解决问题。

虽然，吾自今年来，苍苍者或化而为白矣，动摇者或脱而落矣，毛血日益更衰，志气日益更微，几何不知何时不从汝而死也！死而有知，其几何多少时间离？其无知，悲不几时，而不悲者无穷期矣。

"几何"，若干，多少。此处表示少，不久。

寻找解脱，更见悲怆。

汝之子始才十岁，吾之子始才五岁，少而强者不可保，如此孩提携、抱者，又可冀希望其成立邪耶？呜呼哀哉！呜呼哀哉！

实际上并未找到解脱，用上一代的经验推测，下一代的未来可能是上一代悲剧之重演。连用两句呜呼哀哉，最沉痛的表示。

汝去年书云："比近来**得软脚病，往往而剧**厉害**。"吾曰："是**这**疾也，江南之人常常有之。"未始以为忧也。呜呼！其竟以此而殒** yǔn 丧失**其生乎？抑**或者**别有疾而致斯**如此**乎？**

结论不能使思考停止，情感推动思考。

汝之书，六月十七日也；东野云，汝殁以六月二日；耿兰之报无月日。盖东野之使者，不知问家人以月日；如耿兰之报，不知当言月日；东野与吾书，乃问使者，使者妄称以应之耳。其然乎？其不然乎？

再寻破绽，疑团仍未尽释，但已不能推翻事实。
一路写来，不断提出问题，寻找答案，推翻答案，彷徨疑惑。结论不是容易形成的，形成后，不是容易接受的，不甘心罢休，但不是容易推翻的。就像失眠的人，翻过去，睡不着，翻过来，还是睡不着，所谓愁思百结，回肠九转，生动地展现出来。这种"辗转反侧"的写法，我们写白话文也可以使用。同时可以体悟，成语并非陈腔滥调而已，我们可以如此寻找它"未生之前"的面目，找出它的生动和丰富。

> 今吾使建中祭汝，吊慰问汝之孤儿子与汝之乳母。彼有食生活费用可守以待终丧丧期满，则待终丧而取以来；如不能守以终丧，则遂顺便取以来。其余奴婢，并令守汝丧。吾力能改葬，终葬汝于先人之兆墓地，然后唯其所愿。

处理后事，使死者瞑目。

> 呜呼！汝病吾不知时，汝殁吾不知日，生不能相养以共居，殁不能抚汝以尽哀，敛殓，把死者放入棺内不凭站在旁边看着其棺，窆biǎn下葬不临其穴放

14. 韩愈：祭十二郎文　201

棺材的坑，**吾行**行为**负**对不起**神明，而使汝夭，不孝不慈，而不得与汝相养以生、相守以死，一在天之涯，一在地之角，生而影不与吾形相依，死而魂不与吾梦相接**会**，吾实为之，其又何尤**怨！彼苍者天，曷**何**其有极**悲伤终止**！**

接受事实以后，将内疚一次集中说出，十一个"不"字，句法排山倒海。虽能使死者瞑目，不能使自己心安，情极深。

影与形依，一虚一实；魂梦相接，一实一虚。虚实与共。

有人认为韩愈有些话说得太重了！我们也许可以解释，韩愈对父母、对养父母、对兄弟之情集于十二郎一身，形成一种综合的感情。报十二郎即报兄嫂，报兄嫂即报父母。这种感情当然超越叔侄。

自今以往，吾其无意于人世矣！当求数顷之田于伊水**颖**水**之上，以待余年。教吾子与汝子，幸**希望**其成；长吾女与汝女，待**等年龄到**其嫁。如此而已。**

伊、颖，两条河，都在河南，靠近韩愈故乡。

"无意于人世",无热情理想目标。退出人生舞台。把十二郎当作人生最大的意义,一个代表两代家族的符号。

"吾子与汝子""吾女与汝女",并举,不分彼此。联系童年相依之情。

养儿期望高,把握小,所以说"幸其成"。养女期望不高,把握大,所以说"待其嫁",用字寓意不同。

韩愈三十六岁作祭文,五十七岁因病辞官,当年就死了,可以说人在宦海,死而后已,并没有"求数顷之田于伊颍之上,以待余年"。人在情感热烈时常常说他做不到的事,他自己以为可以为他做任何事。"从来山海是虚盟"!他并没有说谎,他的话出自内心,只是"诚"和"信"分开了。政客"在竞选时说他该做的事,当选后做他能做的事",两者中间往往有很大的差距,其实不仅政客如此。

呜呼!言有穷而情不可终,汝其知也邪耶?其不知也邪耶?呜呼哀哉!尚飨!

希望死者有知,假设死者有知。祭神"如"神在,自己也知道未必。

如有知,没说出来的你也知道;如无知,说出来的也白说。极无奈。

"尚飨",祭文的结语,希望被祭者享用祭品,不能确定有神,不愿承认无神。

一般祭文用韵文,韩愈写《祭十二郎文》用散文,大成功,与李密的《陈情表》、诸葛亮的《出师表》并列为中国三大抒情文之一,南宋谢枋得《文章轨范》引用安子顺之说:读《出师表》不哭者不忠,读《陈情表》不哭者不孝,读《祭十二郎文》不哭者不慈。

韩愈主张文以载道,以文学为宣传车。韩愈的文章今天仍然列为经典,主要原因还是他写得好,后世对他的要求是艺术的、文学的。至于他说什么,他载的道,到今天已不重要。他"谀墓"有时候也写得很好,有文学价值。死者是否像他说的那样好,现在没人计较。

15. 王守仁:瘗旅文

瘗(yì)旅(过客),埋葬死于道路上的外乡人。写这篇文章记述经过。

古人说:"在家千日好,出外一时难。"古人远行,交通、住宿、饮食卫生各种条件都不好,容易生病,一旦病了,医疗看护的水平也很差,远行是大事,或者是万不得已的事。

尤其是,有一种人是在重大的压力下长途跋涉,路线、天候、季节都不能自己选择,费用一定不充裕,多半自己背着行李步行。这种人万一生病,往往就死在路旁。瘗旅,就是埋葬这种死者。

王守仁,浙江人,明代大儒,世称阳明先生。他是哲学家、军事家、政治家,也是诗人、文学家、书法家。

余姚在浙江东部,严光(汉光武的朋友),黄宗羲(明末思想家)都是余姚人。

王守仁除了"文治",还有"武功",屡次领兵打仗,平定内乱。王守仁在福建碰上南昌宁王宸濠举兵造反,他一面飞报朝廷,一面以手中有限的兵力和影响力,及时做了许多必要的处置,战略战术正确,在三十五天内生擒宸濠,捷报传到京都,明武宗才宣布御驾亲征。这是王守仁最著名的一次胜利。

此外,他曾平定广东、福建交界处的民变,解散两广少数民族的武力。

儒家的理想是"内圣外王",道德上完美,建功立业也超越前人。事实上这两个标准有矛盾。王守仁几乎统一了这种矛盾,实现儒家的理想,受到后世特别的标榜。

他也是哲学家,"宋明理学"的大师之一,受佛教和道家影响,把孔子避而不谈的"性命天道"大加发挥,为儒学之新发展,世称"心学"。他提倡心即是理(人心即天理),知行合一(知而不行,只是未知),影响后世很大。民国陶文濬改名行知,终身鼓吹阳明学说。蒋介石改草山为阳明山,推出阳明哲学。

王守仁一度受宦官刘瑾排挤,贬到贵州。明朝的皇帝非常信任宦官,明武宗的时候,宦官刘瑾得宠,十分专横,常常把群臣的奏章带回自己家中处理。有人写无头帖子批评他,他查不出是谁写的,就命令百官在殿外烈日之下罚站。

武宗是明朝第十位皇帝,他就是正德皇帝,在民间留下一些风流韵事,京剧《梅龙镇》就是一件。这时候明朝很腐败了,几位大臣联名上奏章给皇帝,要求改革。皇帝要治他们的罪(其实是刘瑾要治他们的罪),王守仁上奏章支持他们,得罪了皇帝(其实是得罪了刘瑾),被贬到贵州龙场驿做驿丞,地点在今天的修文县。《瘗旅文》作于此时。

那时,贵州是尚未开发的地区,"驿丞"是地方小吏,没有品级,叫作"未入流"。那时,政府公文派人骑马送信,路很远,送公文的人中途要住宿,政府沿途设置专用宿舍,叫作"驿站",管理驿站的人叫"驿丞",负责照料送公文的专差,也照料那匹马。王守仁到了贵州,干的就是这份差事。

驿站也是来往官员的招待所。官吏上任、卸任、进京述职、出来查访，晚上住在驿站里。驿丞除了照料食宿，还得迎送如仪，多大的官供应哪一等的伙食，多大的官用多少仪仗，都有规定。王守仁来干这份差事，不但物质匮乏，精神也倍感屈辱，这是朝廷对他的处罚，所以叫作"贬"。

维_{发语词}正德_{明武宗年号}四年，秋月_{七月}三日，有吏目_{小吏，掌文书档案}云自京_{南京}来者，不知其名氏，携一子、一仆，将之_到任，过龙场，投宿土苗_{当地少数民族}家。予从篱落间望见之，阴雨昏黑，欲就问讯_{询问}北来_{自北方来}事，不果_{没办成}。明早，遣人觇 chān _{观察}之，已行矣。

祭文的第一段，通常要说致祭的时间，致祭者是谁，受祭者是谁，致祭者和受祭者是什么关系。《古文观止》收了欧阳修的《祭石曼卿文》，韩愈的《祭十二郎文》，就是这样写的。王守仁这篇《瘗旅文》不同，这篇文章对以上四点也有交代，不过并非集中在第一段写出来，而是分散在文章里。它不是单纯的祭文，它是记叙文，记下如何埋葬死者、祭吊死者。这是使用业已形成的格式而略加变化，我们今天写白话文也常常这样做。

文言文在一篇开头或一段开头往往有个"发语词"，表示要说话了，少了这个字，对文义没有影响，有了这个字，增加语气的变化。夫、维、盖都可以当发语词使用，"维"常常放在时间前面，好像有"此时是……"的意思。我们写白话文照样要注意语气的变化，只是不再使用文言的发语词了。

《瘗旅文》第一段介绍三个死者，这是第一人称写法，所以三人在他眼中出场。这三个人的景况真是天涯沦落，"携一子"，孩子没有母亲。"投宿土苗家"，没有资格住驿站。"予从篱落间望见之"，虽然王守仁也落难了，他们和王守仁之间仍有阶级隔阂。"阴雨昏黑"，使人感到远景黯淡。第二天一大早就起程了，行程紧迫，大概一夜卧不安席。尤其是王守仁"遣人觇之"，这个"觇"字好像没有多少关怀尊重的意思，只是为了打听消息。王守仁对他们尚且如此，一路上别人对他们只有更势利、吝啬、凉薄！

薄_{接近}午，有人自蜈蚣坡_{附近地名}来，云："一老人死坡下，傍_{通旁}两人哭之哀。"予曰："此必吏

目死矣。伤哉!"薄暮,复有人来云:"坡下死者二人,傍一人哭。"询其状,则其子又死矣。明日,复有人来云:"见坡下积尸三焉。"则其仆又死矣。呜呼伤哉!

借着中午的亮光,我们从"蜈蚣坡"这个地名,可见边疆蛮荒。这时才看见万里投荒的小小公务员是个老人。老人是三个人的重心、精神上的支柱,老人的身体比较衰弱,栋梁先折。老人死去,未成年的孩子受不了这沉重的打击,接着也死了。仆人照例比较强壮,撑到最后才死。

三个人的死讯分三次传来,作者的叙写有层次,读者的共鸣有波澜。老人先死,王守仁铁口直断,他有预感。第二个死者,王守仁经过询问分析,才确定是儿子,显出几分不忍。一共三个人,两个人的身份确定,第三个不问可知。第一个人死去,在中午,第二个人死去,在夜晚,使人感觉末日来临,也好像看见悲剧落幕。

如果三人的死讯一次传来,如果说有人看见蜈蚣坡下三具尸体,读者的感受可能是震撼。三人的死讯分三次传来,时间由中午拖到晚上、第二天,对读者就成为煎熬,读者的痛苦一步步加深，后一次的痛苦是前两次痛苦相加之和，王守仁自己也先用"伤哉"，后用"呜呼伤哉"。文似看山不喜平，短痛不如长痛，这种手法，我们写白话文也都在使用。

三人死，瘗旅逼近核心。

念其暴 pù 曝露 **骨无主，将** jiāng 率领 **二童子持畚** běn 盛土工具 **锸** chā 掘土工具 **往瘗之，二童子有难色然。予曰："嘻！吾与尔犹** 相同 **彼也！"**

王守仁将人比己，与死者换位。这是写作动机、动力。曹丕：既痛逝者，行自念也。我们写白话文的信条，"写别人的事情像写自己的事情，写自己的事情像写别人的事情"，上一句即是指同情心、同理心，他也是我；下一句是指入于其中、出乎其外，我不是我。

"嘻！吾与尔犹彼也！"王守仁没有这句话，可能就没有这篇《瘗旅文》；也许王守仁被贬到贵州来受苦，才说得出这句话。作家都是历经忧患，扩大了关怀面，有丰富的题材。当然，也有人经历越多越自私，把自己收缩得很紧，这样的人不能当作家。

二童闵悯，悲**然涕下，请往。就其傍山麓为三坎**坑穴**，埋之。又以只鸡、饭三盂**碗**，嗟吁**叹气**涕洟**鼻涕眼泪**而告之，曰：**

挖了三个穴，摆上三碗饭，祭品不丰盛，心意很虔诚。以下才算是祭文。

呜呼伤哉！繄yī**你是**何人？繄何人？吾龙场驿丞**职务**余姚**籍贯**王守仁也。吾与尔皆中土**中原地区**之产，吾不知尔郡邑**故乡籍贯**，尔乌**何乎**虚字**来为兹**此**山之鬼乎？古者重**不轻易**去远离其乡，游宦**出外做官**不逾**超过**千里。吾以窜逐**有罪放逐**而来此，宜也。尔亦何辜**罪**乎？**

祭文开头，照例用感叹词表示哀痛，有"呜呼哀哉""呜呼痛哉""呜呼伤哉"，或只用"呜呼"二字，不同的措辞表示悲痛的程度有轻重，古人在这方面是有分寸的，不能以陈腔滥调视之。今人写白话文不再使用这些感叹词，但是对把握分寸仍然十分注意。

祭文第一段，王守仁接连发出好几个问题，表示和受祭者的关系十分陌生，迫切希望能对死者多一些了解，这就同时表示对受祭者有很深的感情。韩愈的《祭十二郎文》中间有一段，也有一连串问号，我们由他疑团满腹看出他愁肠百结，现在，白话文作家也常常使用这种技巧。

在祭文里，或隐或显，王守仁把自己和死者相提并论。王守仁称自己是"窜逐"，我有罪，朝廷像赶一只老鼠一样把我赶到贵州来，文言里面常常埋藏着这样的修辞技巧，值得用心发掘。

王守仁是专制政权下的臣子，为了免祸，尽量压低姿态。他问受祭者你有什么罪？你怎么会到这种地方来？其实，他也在问我有什么罪？我怎么会到这种地方来？自古以来，名臣贤相蒙谗受谤，几乎是常态，王守仁不去攀附历史上那些伟大的名字，比较安全。

闻尔官吏目耳_{而已}，俸_{官员的薪酬}不能五斗米，尔率妻子躬耕_{亲自种田}，可有也；胡为乎_{为什么}以五斗而易_换尔七尺之躯；又不足，而益_{加上}以尔子与仆乎？呜呼，伤哉！尔诚恋兹五斗而来，则宜欣然就道；胡为乎吾昨望见尔容<u>面貌</u>，<u>蹙然</u><u>忧愁貌。蹙眉，皱眉</u>，<u>盖不胜</u><u>难以承受</u><u>其忧者</u>？

观察入微，可见关心。

一无所知，连设六问，层层逼近，如抽丝剥茧。不待答案，似乎已知道很多。你们三人来此送命毫无理由，背后必有不可告人的重大理由，有不公道、不光明的原因（我也一样）。

<u>夫</u><u>发语词</u><u>冲冒霜露</u>，<u>扳</u><u>通"攀"</u><u>援崖壁</u>，行万峰之顶，饥渴劳顿，<u>筋骨疲惫</u> bèi <u>极疲倦</u>；而又瘴 zhàng <u>疠</u> lì <u>山林间湿热蒸发的毒气</u><u>侵其外，忧郁攻其中，其能以无死乎？吾固知尔之必死</u>，然不谓若是其速，又不谓尔子、尔仆，亦<u>遽然</u><u>忽然</u><u>奄忽</u><u>死亡</u><u>也</u>！皆尔自取，谓之何哉？

"吾固知尔之必死"，呼应前文对蜈蚣坡死讯的判断。

"皆尔自取"，可从两方面解读：其一，故意下不公平的断语，激发读者的思考和反弹，发觉死者并非自取；其二，皆尔自取也是皆我自取，我尽忠遭贬，因为我"事君"的技术笨拙。不怨天，不尤人，把最后的判断留给读者。

吾念尔三骨^尸体**之无依，而来瘗耳**^而已，**乃使吾有无穷之怆**^悲**也！呜呼，伤哉！纵不尔瘗**^瘗尔之倒装，**幽崖**^岩石**之狐成群，阴壑**^深谷**之虺**^huǐ 毒蛇**如车轮，亦必能葬尔于腹，不致久暴**^pù 曝露**尔**^表示语气。**尔既已无知，然吾何能为心**^忍心**乎？**

"瘗旅"，并非出于死者需要，而是出于生者需要。没有炫耀自己的功德义举，但求心之所安，文章境界高。

人生境界高者，文章境界始高，所以文章并非仅是文字技术之事。

王守仁虽能将心比心，视人如己，但他"瘗旅"时对死者仍不能平视，居高临下的阶级心态宛然，这在古人不能苛责，今人写白话文，如果情不自禁，仗着自己有一点钱，或者有一点地位，或者有一把年纪，沾沾自喜流露出优越感来，文格就卑下了。

自吾去父母乡国而来此,三年矣,历多次经过**瘴毒而苟**苟且,**勉强能自全,以吾未尝**从来没有一日**之戚戚**忧虑不安**也。今悲伤若此,是吾为尔者重,而自为者轻也。吾不宜复为尔悲矣!吾为尔歌,尔听之!**

理学家谈心论性,内心光明洁净不受外染,忧患不能伤。王守仁未在此处说教,高明。今之写白话文者,不管有何信仰使命,只要你想做真正的作家,宜在此处沉吟体会。

"辁歌",也叫挽歌,以哀歌送终,起源甚早。中国一向有"长歌当哭"的说法。歌唱既可感染哀痛,又可抒散哀痛,对丧礼的气氛、对吊者的心理健康都有益。

歌曰:连峰际接近**天兮,飞鸟不通。游子怀乡兮,莫知西东。莫知西东兮,维**只有**天则同。异域**不同地区**殊方**不同方向**兮,环海之中。达观**看得开**随寓**适应新环境**兮,奚**何**必予官**自己家中**。魂兮魂兮,无悲以恫**痛**!**

叙事用古文，抒情用韵文骚赋体。兮，释放感情，增节奏变化。

人生在世，不过是天地之间、四方之中的一个小不点儿，这个小不点儿无论放在何处，都是天覆地载，并无分别。离家以四海为家，家更大更多，可以皆得其所。何必执着于本乡本土，自寻烦恼？这是王守仁挽歌的一层意思。

又歌以慰之曰：与尔皆乡土之离分离者**兮！蛮之人言语不相知兮！性命不可期**预料**！吾苟**如果**死于兹兮，率尔子仆来从予兮！吾与尔遨**游走**以嬉**游戏**兮，骖**驱使**紫彪**紫色虎（驾车）**而乘**骑**文**有花纹**螭**无角的龙**兮，登望故乡而嘘唏**叹气，想哭**兮！**

流离失所死于贵州的人这么多，我也可能是一个，你死在这里并不孤独。如果我死了，你们来跟着我，我虽然是个不入流的驿丞，死广可以使我立刻变大，那个无形的世界另有他的公侯伯子男。我可以马上使你们过神仙生活，我们坐在小老虎拉的车子上，骑在无角龙的背上，自由自在地游玩。到那时候，别人会说，你能死在贵州真是幸运。

这是王守仁挽歌的第二层意思。

> **吾苟获生归兮，尔子尔仆尚尔随**随尔的倒装**兮，无以无侣**伴**悲兮！道旁之冢**坟墓**累累兮，多中土之流离**流亡离散的人**兮，相与呼啸**高声唱歌**而徘徊**随意行走**兮！餐**吃**风饮**喝**露，无尔饥兮！朝**早晨**友**做朋友**麋鹿，暮**晚上**猿与栖**居住**兮！尔安尔居兮，无为厉**恶鬼害人**于兹墟**村庄市集**兮！**

我是朝廷官吏，不能自己决定进退行止，如果我没死在这里呢？如果朝廷又把我调回中原去了呢？你看这些坟墓，已经有这么多中原来的人死在这里，你们可以来个联谊会或者俱乐部，经常聚在一起找快乐，猿猴、麋鹿都可以来分享。到那时候，物质条件还会束缚你们吗？你们都不食人间烟火了！这是王守仁挽歌的第三层意思。

王守仁一歌再歌，有余不尽，继之三歌，情意深长。最后结束，忽然调门拔高，"尔安尔居兮，无为厉于兹墟兮！"不愧是"上致君，下泽民"的儒者，他最后关心的是一方安宁。

他对受祭者说，你们颠沛流离地死了，也许是负屈含冤地死了，你们心中有怨气、有戾气，这样的人死后可能变成恶鬼，他要报复，他使地方上有天灾，有传染病，发泄心中的不平之气。你们可千万不要如此啊！这就超出了个人伤感的小圈子，有大格局。

挽歌已成为独立的文学形式，诗人用以讴歌生存与死亡此一永恒的主题，不必针对特定的死者。人人都从生到死，可以说这种挽歌是献给人类的。王守仁在本文中的第一首挽歌接近这样的高度。

这篇文章先记事，用"古文"的写法，情感很含蓄。作者显然以为不足，接着以祭文的形式抒情，淋漓奔放，这才畅所欲言。作者的情感太丰富了，不能自已，再用挽歌的高音来绕梁不绝。这样写，文章的形式增加了变化，好看；这样写，叙事、抒情，诗歌在技巧上的要求不同，难度高。

对一个素昧平生的人，说一面之缘都很勉强，作者何以能对他做出绵绵不绝的文章呢？注释家一致说，王守仁的遭遇和死者相同，他写死者就是写自己，倘若真的写自己，反而不很方便，借着写别人，顾忌就没有那么多。这一类替身，文学作品里比比皆是。

16. 袁宏道：徐文长传

徐渭，字文长，晚明书画家、诗人。浙江绍兴山阴人。绍兴是许多政治家、艺术家、文学家的故地或故乡，单说近代，就出了鲁迅、周作人、朱自清、汪精卫、蔡元培以及俞大维、邵力子、周恩来等许多人。《古文观止》收录了王羲之的《兰亭集序》，背景就在山阴。绍兴出产的黄酒也非常有名。

徐文长一生穷困潦倒，死后没有正式的传记，袁宏道在徐文长死后二十年读到徐文长文集，整夜"读复叫，叫复读"。佩服他，为他立传。这是一篇文学传记，不是史学传记。

袁宏道，神宗时进士，湖北人。和他的哥哥袁宗道、弟弟袁中道都是晚明的文学家，并称"三袁"，袁宏道排行老二，所以也叫袁中郎，世人以为他是"三袁"中文学成就最杰出者，可惜四十三岁就死了。

当时的文坛领袖主张摹拟古典，认为"文必秦汉，诗必盛唐"，书不读秦汉以下。袁氏反对摹古，鼓吹作家要发挥自己的性灵，今人的心情感受跟古人不同，今人的文章当然也跟古人不同。他是湖北公安人，他的主张号称"公安派"。公安在湖北省中南部，靠近长江，资源丰富，风景美丽，现在工业也很发达。境内有三袁墓，屈原、柳宗元、范成大也和此地有文学因缘。

徐渭，字文长，为山阴今浙江绍兴**诸生**秀才**，声名藉甚**极盛**。薛公蕙校**主持考试**越**绍兴府**时，奇其才，有国士**全国推崇之士**之目**称呼、看待**。**

山阴位于今浙江绍兴，境内山水美景甚多，"山阴道上应接不暇"，指的就是这个地方（后比喻事物繁多，使人忙于接应）。依中国历代相沿的说法，这样的风水正是产生天才的地方。

薛蕙，当时一位有学问的人，他奉命到绍兴主持考试，发现了徐渭。春秋时有一个越国，到了五代十国的时候又有一个越国，绍兴都在这两个越国境内，所以称绍兴为越，绍兴戏叫越剧，"越"也是浙江省的别名。

国士，用今天的话来说，就是国家一级的人才。"士"曾经代表社会阶级，卿、大夫、士。"国士"可以说就是"士"里面的尖子。

简单几句话，写出少年徐渭的黄金时代，好像是搭了一座高台，让我们看见徐渭从高台上坠落，特别惊心。

然数奇jī运气不好，**屡试**考试**辄**常**蹶**失败。

古人认为命运是可以用数字推算的，称为命数，命运气数。诗人咏叹刘备伐吴失败："纵不连营七百里，其奈数定三分何！"

单数叫奇，双数叫偶。数奇，时运不顺利。"卫青不败由天幸，李广无功缘数奇。"古人参加考试讲究"考运"，能不能考取，不确定的因素太多，一运、二命、三风水、四祖德、五阴功，最后才是文章。

许多天分很高的作家都被科场淘汰,分析起来,像金圣叹、蒲松龄,他们才气纵横,不甘在八股文章的条条框框里打转,他们是性情中人,对官场文化也有几分蔑视,阅卷官、主考官往往能从他们答的卷子里"嗅"出某种气味,认为这个考生不能成为朝廷的驯服工具。还有,科场文章(八股文)有严苛的格式,格式错了,即使是很小的错误,叫作"违制",文章再好也得淘汰,徐渭应试的文章常常"不合规寸",恐怕与"违制"有关。这些都不必说了,袁中郎以"数奇"二字了之,让上天去负责吧。

"蹶",跌倒。据徐文长先生年谱,文长八试落第,成语说一蹶不振,他七蹶七起,由二十岁考到四十一岁,八蹶不振,有志者事"竟"不成!为了这八次考试,徐文长要如何牺牲他的个性,他要研读多少他不愿意读的书,他要应付多少他不愿意应付的人,他要写多少次他不愿意写的文章,对他这样的人,这是多残酷的折磨。最后徒劳无功,难怪他要发疯。

中丞巡抚**胡公宗宪闻之,客**聘请**诸幕**首长办公室。**文长每见,则葛**布料**衣乌**黑色**巾**头巾**,纵谈天下事;**

胡公大喜。

胡宗宪,当时的浙江巡抚。大官办大事,要请各种人才来做帮手,大官对这些人很客气,称为幕宾。幕,把帐篷或房间隔开,请来的客卿在幕里面开会办事,称为入幕。胡宗宪聘用徐渭参与军务,平定南方海岸的倭寇之乱。

"葛衣乌巾",平常百姓服装,在文武官服中形象突出。可以想象,徐渭见胡公,也不甚拘守官场的礼节。大官对待幕宾,这些都不计较。

是时公督督导**数**考核**边**驻守边疆**兵,威镇东南;介**甲**胄**盔**之士**军人**,膝语蛇行**低姿态**,不敢举头,而文长以部下一诸生傲**不屈居其下,有骨气**之;议者方**相比**之刘真长**刘惔**、杜少陵**杜甫**云。**

"督数":"督",督其勇怯勤惰;"数",上声,检查校阅,数其功过。"边兵",防卫边疆的驻军,明代东南沿海有倭寇之乱。军队作战,将在外,权大,扩张意志。官兵披甲戴盔,往往有恃无恐,得意忘形。所以战地难免将悍兵骄,有人说这是士气的一部分。胡公能慑服他们。以胡公之威严,看出对徐渭之礼遇,也可以衬托徐渭之傲骨。

刘真长,东晋名士,入简文帝幕;杜甫,唐代大诗人,入东西川节度使严武幕。二人都是"布衣傲王侯"的人物。当时的评论家认为徐渭可以与这两个人相比。

会恰好**得白鹿,属**嘱**文长作表**写公文奏报皇上。**表上,永陵**明世宗**喜。公以是**因此**益**更**奇之,一切疏计**奏章报表**,皆出其手。**

胡宗宪打猎捉到一只白鹿,嘱托徐文长写奏章向皇帝报告,古人写文章常常省略主词,今人写白话文不可效法。白鹿是稀有品种,古人认为代表国家的祥瑞,证明当今皇上是有道的明君,把国家治理得很好,或者说预示皇朝永远昌盛,前途光明。臣子有这样重大的发现,要把祥瑞之物献给皇上,并且向皇帝书面郑重诣贺。

徐文长虽然是名士,搞这一套也是高手,皇上看到胡宗宪的奏章很高兴,皇帝高兴,胡公更高兴,就把一切写给朝廷的文件都交给徐渭起草。这是明世宗在位时发生的事情，袁宏道为徐渭立传的时候，明世宗早已死了，世宗的坟墓叫永陵，袁宏道用永陵作世宗的代称，在字面上和正在活着的皇帝有明显的区分。这一类君主时代作文的秘诀，今人偶尔用得着，二十世纪七十年代的台湾，蒋介石去世了，灵柩停在慈湖，蒋经国继位，两位都是蒋"总统"。主笔行文，有时在一篇文章里需要"两蒋"并举，就用"慈湖"代替逝者。

文长自负才略，好奇计，谈兵多中应验。**视一世事无可当意**满意**者；然竟不偶**遇，被重用**。**

徐渭在胡宗宪幕中并非朝廷任命的官吏，用今天的说法，他们是临时组成的工作班子，胡巡抚任务完成了，或者职位调动了，工作关系就结束了。再也没有第二个胡宗宪来找徐文长了，古人称为不偶，不偶就是不遇，买金的遇见卖金的，这才成偶，有才的遇不到用才的，大概就是"数奇"了。

人之一生，生命的轨迹是一个弧形。由被薛蕙赏识到被胡宗宪重用，可以说是徐渭生命的升弧，白鹿事件可以说是顶点,自此以下,进入降弧。

文长既已不得志于有司官场**,遂乃放浪**不受拘束**曲** qū **蘖** niè 酒**,恣**任意**情山水,走齐、鲁、燕、赵之地,穷览朔**北方**漠**沙漠地带**。**

"有司",政府分官设职,每个人负责管一部分事情。"不得志",找不到自己的舞台,没有机会一展长才。既然这样,为什么还要迁就世俗观点呢?为什么还要上流社会认同呢?他改变生活方式,饮酒没有节制,旅行没有目的,冲破一切限制,包括空间给他的限制。厌恶人境,投入大自然,他穷览,他要看清看遍。

这时,徐文长决心活得像一个艺术家了!

其所见山奔海立,沙起雷行,雨鸣树偃,幽谷大都,人物鱼鸟,一切可惊可愕之状,一一皆达之于诗。

此处是这篇传记文学价值最高的部分。山本来不动,海本来是平面，雷声隆隆而过，本来没有形迹，如果山向前跑，海面竖起来，雷声经过在地上压出辙痕轨道来，那是何等景象，那是一个什么样的世界！本来我们看山看海的感觉，人人大致相同，这叫"固定反应"，看明月而思乡，见落花而伤别，都是固定反应，作家力求打破固定反应，今天的白话文作家仍在如此努力。

"山奔海立，沙起雷行"是名句，至今为白话文学作家所引用，形容大自然给人的震撼。对大艺术家而言，外在为内在之投射，徐渭的生命力既然受到极大的压抑而又无从解脱，内心的鼓荡奔腾，喧哗骚动，化为外在的艺术形象，当然超出一般人口耳相传的宁静和谐。只有艺术家始能对另一个艺术家的境界造诣做出这样的描述，所以，艺术家的传记最好由艺术家（或艺术评论家）执笔。

世俗生命的降弧，反而是艺术生命的升弧。

其胸中又有勃然不可磨灭之气，英雄失路、托足立身**无门之悲；故其为诗，如嗔** chēn 怒**如笑，如水鸣峡，如种出土，如寡妇之夜哭，羁** jī **人**奔波在外者**之寒起。**

"六如",比喻风格。令人联想蒲松龄的"惊霜寒雀,抱枝无温",孟郊的"清奇悲凄,幽峭枯寂",金圣叹的"诗者,妇人孺子夜半心头之一声耳"。在袁宏道笔下,徐渭的气派更大。至此,我们看到徐文长艺术生命的顶点。

前贤论风格多用比喻,加上用字精简,令我们不易揣摩;西洋的艺术理论说得很清楚,唯其清楚,又往往不够精微。最好两者互相参看,寻求互相补充。

虽其体体裁制作**格**格调**时有卑**低下**者;然匠**制造者**心独出,有王者**开创者,统帅者**气,非彼巾帼**妇女头巾发饰**而事**伺候**人者所敢望也。**

文坛标榜高雅、高古,徐渭反对,有时宁愿失之俚俗,袁宏道也认为是缺点。但是,袁宏道说,他的优点更多。"匠心独出",能创新,"有王者气",创新能引起模仿,这实在是对一个诗人无上的肯定。那时,女子依附男子而存在,没有独立的人格,袁宏道用女子比拟那些没有自己风格的作家,今天看来,是公然的性别歧视。我们读古人的作品要能轻松绕过这一类历史残垒。

文有卓高超**识**见解**，气**文气**沈**充实**而法**技巧**严，不以模拟**继承前人**损才，不以议论伤格**破坏格调**，韩**愈**曾巩**之流亚**同类**也。**

现在评论徐渭的文章。气，中国文学理论中一个重要的名词，大意是指在语言文字之外，又充沛于字句篇章之中的动力，可能是作家创作时的精神状态与大自然的运行规律互相呼应契合的表现。文气和文章技法有某种程度的矛盾，比方说，气沛，一泻千里，可能使结构不均衡，精雕细琢可能使文章气弱。徐渭"气沉"，仍然法度谨严，文气没有破坏法度，技法也没有妨碍文气。

任何作家都要继承前人，大作家在继承之外有自己独特的成就。徐渭模仿中见自己的才情、才力、才气，不是力穷才竭倚赖前人。作家用叙述、描写、议论诸般手段行文，议论暴露作者的识见境界。有些文章叙述顺畅，描写生动，到了议论的时候，露出作者的狭隘、卑鄙或性情凉薄，所以现在有些作家竭力避免议论。袁中郎认为徐渭的文章没有这些问题。

韩愈、曾巩，唐宋八大家。

文长既雅常常**不与时**流行的**调**腔调、风气**合，当时所谓骚坛**文坛**主盟**领袖**者，文长皆叱而怒之，故其名不出于越**。悲夫！

"骚"，诗体。"骚坛"，诗坛，古人常以"诗"包括文章，也常以"文章"包括诗，此处"骚坛"也是文坛。

当年印刷术不发达，没有大众传播的媒体，诗人的名气大半来自互相标榜，你说我好，我说你好，慢慢扩大影响。文坛领袖是"意见领袖"，众人以他的意见为意见，因为多数人不能自己独立思考。绍兴文坛封锁徐渭，远距离的人不知道徐渭的名字。

喜作书，笔意奔放如其诗，苍劲苍老有力**中，姿媚**柔美**跃出；欧阳公所谓妖韶**迷人的美**女，老自有余态**老年仍然剩下一部分美**者也。间**偶尔**以其余**用不完的才情**，旁溢**才情流露**为花鸟，皆超**高逸**不俗有致**神情姿态。

笔意奔放如其诗，艺术各体根本上是相通的。

最后谈到徐渭的画。袁宏道认为画是徐渭的副产品，是他的剩余才情。也许因为中国画以山水为首，徐渭的画多半取材于植物和小动物，也许因为徐渭自己说他的书法第一，诗第二，文第三，画其余。可是近世评论家都说徐渭的成就以画最高，影响八大山人、郑板桥、吴昌硕、齐白石、潘天寿，还有一个李山。吴昌硕尊徐渭为"画圣"。据说郑板桥有一方印章，印文是"徐青藤门下走狗"，徐渭别号"青藤道人"。齐白石曾说，恨不生三百年前，为青藤磨墨理纸。至于诗，我怀疑并没有袁中郎说的那样好。

卒最后**以疑杀其继室**续娶的妻子，**下狱论死；张太史元汴力解，乃得出**。

有一天，徐渭夜归，自称眼见妻子与和尚私通，他杀死了妻子。官府调查并无私通行为，这是"无故杀人"，按律要抵命。今人认为他凭幻觉杀人，他这时已经病得很重了。今天身心丧失是免罪的理由，当年"丧心病狂"却是判罪的理由。

张元汴，徐渭的小同乡，在京做官，赖他营救，徐渭只坐了七年牢。

晚年，愤益深，佯假装**狂益甚；显者**著名的人物**至门，或**有时**拒不纳。时携钱至酒肆，呼下隶**身份低贱的人**与饮；或自持斧，击破其头，血流被面，头骨皆折，揉之有声；或以利锥锥其两耳，深入寸余，竟不得死。**

九次自杀不死，寿七十三岁。这一段写得很恐怖，尤其"揉之有声"。袁宏道使用常见的词句，并没有在语言上刻意经营，他也没使用形容或判断（什么惊心动魄，惊世骇俗，使人做噩梦，使人不需要再看见刑场或地狱之类），加强效果。这种叫作"白描"的功夫，也是今天的白话文作家要锻炼的。

看徐文长的症状，今人以为他生了"郁躁症"。郁，忧愁伤感，沮丧绝望，嗜睡，想自杀；躁，兴奋焦虑，不能自制，产生幻觉妄想。这两种情绪轮流来，如果很严重，那就无法过正常的生活。天才艺术家如果生了这种病，他会在"躁"期疯狂地工作，创造出杰出的作品来，他也会在"郁"时自杀或自残。因此有人说,天才都是疯子。

周望_{陶周望}**言:晚岁**_{老年}**诗文益**_更**奇,无刻本,集藏于家。余同年**_{一同考取功名的人}**有官越**_{在绍兴做官}**者,托以钞录,今未至。余所见者,《徐文长集》、《阙**_{遗漏缺少}**编》二种而已。然文长竟**_{终于}**以不得志于时**_{当代}**,抱愤而卒**_{去世}**。**

石公曰:"先生数奇_{jī}**不已,遂为狂疾;狂疾不已,遂为囹圄。古今文人,牢骚困苦,未有若先生者也!"**

"石公",袁中郎的化名。化名在传记末尾写一段评论,古代文人的习惯。

"牢骚",精神痛苦;"困苦",物质匮乏。

虽然,胡公间世豪杰,永陵英主,幕中礼数异等,是胡公知有先生矣,表上,人主悦,是人主知有先生矣;独身未贵耳。先生诗文崛起,一扫近代芜秽_{杂草丛生,土地荒废}**之习;百世而下,自有定论,**

胡为不遇哉?

间世,两个世代,像胡宗宪这样的人物,每一个世代只能出现一个。袁中郎从另一个角度看遇和不遇。

梅客生尝寄予书曰:"文长吾老友,病奇于人,人奇于诗。"余谓:"文长无之而不奇 qí 者也;无之而不奇 qí,斯这才无之而不奇 jī 也!悲夫!"

利用"奇"这个多音字的两个意义,巧妙地做出总结。徐文长,同一个人,好比"奇",同一个字,这个字的意义,既相生又相克,这个人的行径,既完成了自己,也毁坏了自己,存则俱存,废则俱废,不能选择。对作家,这样修辞的机会可遇不可求,倘若一旦遇上了,要懂得怎样抓住机会。

文长因"奇 qí"而"奇 jī",悲剧人物是因为他的优点而失败,这是近代作家常常使用的题材。

* * * *

文学性的传记,把传主当作一个"人物"来刻画。文学作品的人物要有明显的个性，他的个性要通过许多行为、事件表现出来，不是用形容词或论断式的语句说出来。

徐文长的个性明显突出，人群不能掩藏。他高傲，需要社会包容他，而他不能（或不屑）包容社会。他倔强，他和社会碰撞，失败，和社会对立到底，绝不妥协投降。他善良，在极大的挫折感中失去控制，有毁灭的冲动，但是只残害自己，不妨碍别人……这些话都是直接说出来，文学传记不需要你这样直说，它需要你把传主的言行记下来，把传主怎样面对挑战做出响应呈现出来，人的生命是一连串小事件构成的，哪些事件最能看出他的个性？你要拣出来，一如袁中郎的这篇文章。

写这些小事件要用记叙的语言，描绘的语言，轻易不用判断的语言。语言有三种功能，记叙、描绘、判断。一个文学爱好者到了读《古文观止》的程度，应该对语言的功能很熟悉，然后就是如何操作了。

17. 刘基：司马季主论卜

　　司马季主，西汉人，在长安东市占卜。贾谊曾向他问卜。《史记》有司马季主的事迹。

　　在古书里面，卜，卜筮，卜蓍，龟筮，说的是一件事情，俗话叫占卦。有学问的人说，卜，筮，方法并不相同，到了后来占卦，连工具都改变了。大体上，都是以周易六十四卦为本，推断吉凶祸福。

　　卜，起初用龟甲和筮（shì）草。筮草一作"蓍草"，学者认为可能是艾草。龟甲，龟背部的外壳。最早占卜的方法已失传，留下模糊的记载，好像是用五十根蓍草，减去一根，把四十九根蓍草在龟甲两旁摆来摆去，定出卦象，再由专家做出解说，方法复杂，仪式庄严。

若有一个铜钱的背面向上，是阳；两个铜钱的背面向上，是阴；三个都是背面，是阳，可以变阴，三个都是正面，是阴，可以变阳。连续掷六次得到一卦，断卦也脱离了易经，另外订出一套说法。这样把远古的方法简化了，断卦也通俗化了，容易在民间军中推行。司马季主是秦末汉初人，占卜应该仍用古法。

占卜的圣经是《易》，《易经》的基本符号是八卦，八卦的作者据说是伏羲。中国人常说三皇五帝，伏羲列为三皇中的第一位，中华民族第一位留下名号的领袖。据说八卦是伏羲首创的文字符号，八卦的基本符号是阴阳，伏羲用一根横线代表阳，把一根横线从中间切断，分成两截，代表阴，阴阳两个符号重叠组合成八种样式，产生八卦。据说伏羲最先画出那一根横线，从此打破了宇宙的混沌，开启了人类的智慧，所以说"伏羲画卦，一画开天"。

世事万殊，八个符号简单，周文王又把这八个卦重叠组合成六十四个单元，演化出六十四卦，每一卦都有名称，

有基本解释。一卦由六爻（yáo）构成，经过其他人的参与（包括周公旦和孔子），不但每一爻也有了解释，还做了导读，周密的理论形成。以上是传统的说法，后世研究《易经》的学者有很多不同的意见。

古人面临重要问题时照例要占卜决疑。《左传》记载秦国攻打晋国，战前卜得吉卦才渡河伐晋，打了胜仗。《国语》记载晋国的公子重耳因政争逃亡在外，后来局势改变，可以回国，他占了一卦，大吉，继位成为国君。

有许多故事甚为神奇，例如"田氏代齐"。春秋时代，陈国有一个公子跑到齐国去依附齐桓公，以田为姓，做了齐国的大夫。他离开陈国之前卜卦，卜者告诉他的后裔要取代某一国家的国君。这个预言果然应验，齐国的国君本来姓姜，后来姓田，史家分别称为姜齐和田齐。这样的记载很多。

后来，六十四卦配上天干地支五行，变化更多。到底有多少变化，现在已有人做成计算机程序，容易掌握。不过，占卜容易断卦难，断卦要靠知识经验，还有灵感，不能全凭机械式的记忆。据说孔子派子贡出外办事，很久没回来。孔子让弟子占了一卦，得鼎卦，爻象是"鼎折足"，大家都说走路要用脚,既然"折足",恐怕凶多吉少。只有颜回认为子贡会坐船回来,后来果然如此。这样的例子很多。

这篇文章的作者刘基,明朝的开国功臣刘伯温,《卖柑者言》中有介绍。

东陵侯既废,过司马季主而卜焉。

焉,虚字,文言文的基本特色。之乎者也矣焉哉,安排好了是秀才。

东陵侯是战国时代秦国人。秦亡,失去爵位,变成贫穷的老百姓,在长安城东种瓜,他的瓜又好吃又好看,创出品牌,叫"东陵瓜"。

中国民间俗语:"穷烧香,富吃药。"人在处境困难的时候关心未来,明天会更好,人在生活满足的时候希望保持现状,维稳。东陵侯是过气的人物,他占卦要问什么事呢?

季主曰:"君侯敬称何卜也?"东陵侯曰:"久卧者思起,久蛰者思启,久懑 mèn 心烦 **者思嚏** tì 喷嚏**。**

吾闻之:'蓄极则泄,闷bì 不透气**极则达,热极则风,壅** yōng 堵塞**极则通。一冬一春,靡**无**屈不伸,一起一伏,无往不复。'仆**我**窃有疑,愿受教焉!"**

文言里面人对人的称呼很复杂,在这篇文章里,司马季主称东陵侯为"君侯",这是敬称,东陵侯自称"仆",这是谦称。

东陵侯说,躺得久了想起来,封闭久了想打开,憋得久了想喷出来。他又说,太紧了就要放松,天太热就要起风,堵久了就会打通,有春就有冬,有降就有升。到底是不是真的如此,我很怀疑,很想听听你的判断。

句型相同,意思对称。如"久×者思×",同型者三句。如"×极则×",同型者四句。"一×一×,无×不×"同型者两句。同一意思,反复申说。

《易经》的哲学是:阴极生阳,阳极生阴。"否"是坏卦,"泰"是好卦,否极则泰来。"剥"是坏卦,"复"是好卦,无剥不复。中国人普遍的信念:乐极生悲,苦尽甘来,天无绝人之路,富贵不过三代,吃亏就是占便宜。

《易经》的"谦"卦,全部吉利。你看月无常圆,圆了以后老天就要它一步一步减肥，月也不会常缺，缺到不能再缺的时候，老天又一点一点给它添上去，慢慢圆起来，这叫"天道亏盈而益谦"；你看院子里这边有个地方堆了一堆土，凸起来，过了一段时间，这堆土不见了，院子里有个地方凹下去，老天用凸起来的这堆土把那边凹下去的坑填平了，这叫"地道变盈而流谦"。还有"鬼神害盈而福谦"，骄傲奢侈遭天谴；"人道恶盈而好谦"，傲慢自大遭人忌。所以《易经》劝人"裒 póu 减少多益增添寡"。老子说："天之道，损有余以奉不足。"

窃，暗中，私下，不敢确定，谦词。

东陵侯有一段潜台词：我由侯爷变成平民，而且是贫民，以后还有机会翻身吗？他不好意思说得这样明白。

季主曰："若是，则君侯已喻明白**之矣！又何卜为？"东陵侯曰："仆未究**彻底弄清楚**其奥**最深处**也，愿先生卒**最后，完全**教之。"**

司马季主不愿意讨论这个废侯的未来，给他装糊涂。东陵侯放不下，硬要追问。

一般人占卦，多半是生意能不能赚钱，谋职能不能成功，遗失的财物如何找回来。其实《易经》是很高的智慧，提供总原则大方向，生活细节不在话下。司马季主认为东陵侯已掌握了易理，用不着再占卜。荀子说过，一个真正懂得《易经》的人不需要去占卦。

以"乾宫八卦"为例，每一卦有六爻：

☰天

以上第一卦六爻皆阳，阳极盛。

姤

以上第二卦就生出一个阴来，五爻属阳，一爻属阴。

遁

第三卦再生一阴，四阳二阴。

否

第四卦再生一阴，三阳三阴，阴阳相等。

☷☴ 观

以上第五卦再生一阴，二阳四阴，阴超过了阳。

☷☶ 剥

以上第六卦阴继续增加，阴极盛，只剩下一个阳了。

☲☷ 晋

第七卦就有一个阴变成阳，阴开始减少，阳开始增加。

☰☲ 大有

以上第八卦，五个爻都变阳，只剩下一个阴。

这就是《易经》所谓盈虚消长。司马季主认为明白这个道理的人用不着占卜。

潜台词：像我今天这样倒霉，可以说跌入谷底，难道我还能飞黄腾达吗？要到什么时候呢？

季主乃言曰："呜呼！天道何亲？唯德之亲。鬼神何灵？因人而灵。夫蓍，枯草也；龟，枯骨也；

物也。人,灵于物者也,何不自听而听于物乎?"

司马季主知道东陵侯的潜台词,存心回避正面答复,他也有潜台词:"你的今生也就是这个样子了,不可能再翻身出头了!"他也不愿正面说出来。他先叹一口气,好像对东陵侯同情,也好像面对东陵侯一再追问有些无奈。老天跟谁也没有亲密的关系,老天只跟有德行的人站在一起,人为万物之灵,鬼神的灵验要通过人的灵性来表现。占卦的工具用龟蓍,蓍不过是枯草,龟甲不过是枯骨,这两样东西有什么灵性?怎么能跟人相比?你为什么不从自己的灵性得启示,为什么向枯草、枯骨求答案呢?

古人认为天人之间有微妙感应,人可以借看来无关的现象得到预示,占卜的龟蓍乃是人神交通的媒介,这个"人"不是任何人,而是特定的、特选的、受特别训练的某种人,因此,占卜成为专门的行业。

所以东陵侯不是来向枯草枯骨请教,而是向使用枯草枯骨的司马季主请教。身为专业占卜家的司马季主居然说一切作用在人,而这个"人"居然可以是东陵侯自己,劝东陵侯"自听"。论者说他有唯物思想,唯物论者搞占卜?

岂不成了骗子？也许司马季主不耐烦了，丢掉职业性的圆滑，把狠话说出来了："你既然明白易理，何不向自己的思想求答案呢？"

"且君侯何不思昔者也？有昔者必有今日。是故**碎瓦颓**倒坍**垣**墙，昔日之歌楼舞馆也；荒榛丛生的灌木**断梗**植物的枝茎，昔日之琼名贵品种**蕤** ruí 茂盛的植物**玉树也**；露**蛬** qióng 蟋蟀**风蝉，昔日之凤笙龙笛也**；鬼磷萤火，昔日之金釭辉煌的灯火**华烛**华丽的大门灯烛**也**；秋荼 tú 苦菜春荠野菜，昔日之象白脂肪驼峰背上的肉**也**；丹枫白荻，昔日之蜀四川锦有花纹的丝织品**齐**山东**纨** wán 绢**也**。"

同一意思，反复申说七次。句型相同，节奏必快，同一句型形成江河浩荡之势，铺排展开，淋漓尽致。

金釭应是金质或金色的灯盏烛台，古人诗词中有金釭银釭。金釭的另一解释是古代宫殿壁间横木上的饰物。

"事情总是向相反的方向发展。"一富翁建豪宅，落成之日大宴宾客，请工头坐首席，儿子在末座奉陪。富翁指着工头对来宾说：这是盖房子的；又指着儿子说：这是卖房子的。

前人地，后人收，还有后人在后头。爱极生恨，乐极生悲。塞翁失马，焉知非福；塞翁得马，焉知非祸。十年河东，十年河西。桑田变沧海，沧海变桑田。千里搭长棚，没有不散的筵席。好就是了，了就是好。

塞翁养的一匹马走失了，大家都来安慰他，他说也许是好事；过了几天，他的马回来了，居然另外带来一匹马，大家对他说恭喜，他说也许是坏事；塞翁的儿子试骑那匹新来的马，马跳起来，塞翁儿子的腿摔断了，大家来安慰他，他说也许是好事；政府忽然下令征兵，很多壮丁一去不返，塞翁的儿子断了腿，军队不要他，保全下来。事情一直在发展，一直在发展中变化，一直在变化中自动补偿。几千年了，中国人就靠这一点子人生哲学，度过千劫万难。

"昔日之所无，今日有之不为过；昔日之所有，今日无之不为不足。是故一昼一夜，华花开者谢；一春一秋，物故旧灭者新；激湍之下，必有深潭；高丘之下，必有浚jùn深谷。君侯亦知之矣！何以卜为?"

文言句法:"何以卜为?"为什么还要占卜?

从前穷,现在富,那是应该,从前贵,现在贱,那也是当然。有白天,有黑夜,有花开,有花谢,喜新厌旧,新的将来也会变旧,旧的以前也当是新,见了高山才知道平地好走,见了虎豹才知道狗猫可爱。这些你都知道,还占卦做什么?

历史的公平是大公平,它在总结算的时候收支两抵。台湾"解严"后,许多人骂蒋介石,有些话并不公道,我说,他现在所受的"毁",有很多是他不该得到的;他当年在位时所受的"誉",大家喊的那些万岁,也有许多是他不该得到的。结算一下,蒋公大概没吃亏。我们年轻的时候不懂事,家庭和社会处处娇惯年轻人,我们得到许多不该得到的;我们不知道感恩,对家庭、对社会有亏欠,我们老了,社会对我们冷淡、欺弄,社会遗忘老人的贡献,我们失去许多应该得到的,说起来也是一种公平。

司马季主和东陵侯这一场对话很有趣,我们很想知道,卜者这一番大刀阔斧,可曾劈开问卜者的心结?东陵侯临走的时候,究竟是如释重负还是垂头丧气?回到东门,他的瓜田是扩大了还是荒芜了?你如果有兴趣,可以写一个续篇。

* * * *

在神权时代,"卜"是人神交通的一种方式,占有很大的优势。后来,"问卜"的人自己也不很认真,不过是找个人谈谈,舒解郁闷,捕捉一点渺茫的希望。

在现实生活中,一个人的苦闷、疑难、危机,都是秘密,需要向人倾吐,但是实在无人可说。你如果随便向亲友泄露了,对方就掌握了你的弱点,找到一个切口来损害你,图利自己;至少,他茶馆酒后,飞短流长,加油添醋,大大破坏你的形象。

有一种人你可以去占卦、看相、算命,你可以把能说的都说出来,说出来得到片刻的释放,而你是安全的。这是因为:第一,你和他没有任何牵连瓜葛,也许根本互不相识,一次交易,也许永不再见,你的信息对他毫无利用价值。第二,他一定替你保守秘密,这是他的职业道德,也是他这行业的命脉所系。第三,他的职业习惯,也是《易经》原理,他一定冲淡你的忧患,让你看见遥远的光明,你当时需要的不过如此。

卜者能够提供的也不过如此,这是他对社会人心重要的贡献,不管社会如何变型,这个行业会继续存在。

18. 陶渊明：归去来辞

归去，辞官回乡。来、兮，虚字。但很多人视"来"为实字，"三绝诗书画，一官归去来"。

有人说，"归去来"是六朝时的习语，强调的是"归"。

有人说，归、去、来，就是归去和归来，弃官为去，还乡为来。归去，目送自己，归来，目迎自己，观察点变换。或许这样解释更能显示陶渊明的文心。

陶渊明之后，"归去来"成为诗人的熟词。马致远曲云："酒旋沽，鱼新买，满眼云山画图开，清风明月还诗债。本是个懒散人，又无甚经济才，归去来。"吴弘道曲云："栽，绕篱黄菊开。传千载，赋一篇归去来。"还有无名氏的："绿柳倚门栽，金菊映篱开。爱的是流水清如玉，哪里想侯门深似海。幽哉，袖拂白云外；彭泽，清闲归去来。"

辞，文体名。起于战国时期的楚国，屈原为最具代表性的作家。汉人集屈原、宋玉等人作品为《楚辞》。

四十一岁时任彭泽县令，藐视官场规则，每天喝酒作诗，衣着很随便。上级派员来视察的时候，县衙的官吏提醒他要穿上整整齐齐的官服去拜见，陶渊明叹了一口气："我不能为五斗米向乡里小儿折腰。"五斗米，当时县令的俸禄。折腰，鞠躬跪拜，这句话也成为著名的典故。陶渊明立即辞官回家，隐居务农，从此未再出仕，六十三岁去世。

《归去来辞》前面本来有一篇短序，陶公在序文中说，他辞官的直接原因是妹妹死了，前往奔丧，没有一字提到督邮。后世谈陶渊明一定有督邮，多半没有妹妹，妹妹的事分明写在序文里，序文和正文一向是《归去来辞》的一部分，应该都读过，可是这些人硬是置而不论，单单把督邮的故事传下去。

此事引起无穷的讨论。我们从中得到的启发是，读者需要看精彩的人生，因此作者选材，要避开那些平庸琐碎枯燥零乱的成分。很显然，辞官对抗督邮，精彩；辞官吊胞妹之丧，不够精彩。如果两个因素都有，读者大众偏爱哪一个，记述者强调哪一个。如果只有吊丧信而有征，记述者为了"可传"，宁可采用没有可靠根据但比较精彩的一个。

李辰冬教授著《陶渊明评论》，指出陶公本来也有一番抱负，由于性格冲突，经过长期的内心挣扎，最后毅然归农。用陶公自己的诗句来做标签，由"猛志逸四海"，经过"冰炭满怀抱"，到"复得返自然"，最后"不觉知有我"。可以说，他的思想开始是儒家，最后是道家，在儒家受苦，从道家得到救赎。

* * * *

古人隐居，多半是先做官存下财产，然后安享岁月，今人称为"生涯规划"。孟浩然说他自己"一丘常欲卧，三径苦无资"。陶渊明的退隐没有经过规划，他在生活困难的时候去做县令，做了八十三天，以"任性"或"即兴"的方式走人，他没有钱。李白曾经有过钱，乱花钱，没有积蓄，两人后来的生活都很困苦，但是在这篇《归去来辞》里面，洋溢着"复归自然"的欢欣和美好想象，完全没有去想经济条件，后世称他是田园文学的创始者。

诗人多半爱酒,陶渊明尤甚,有学问的人说他每一首诗里都有酒。他做彭泽令,吩咐县府的"官田"一律种秫,"秫"是酿酒的原料。他退隐以后,有一年穷得没有饭吃,颜延之送给他一笔钱,他全都买了酒,不顾老婆孩子的生活。爱酒爱到这个程度,已是酗酒,酗酒是恶行,但是陶渊明受后世赞美。可能这些评论家认为陶公酗酒是对黑暗政治的反抗,他们支持反抗,也可能因为陶公有酒才写出那么多好诗,他们因珍惜结果而美化过程。

陶公是大诗人,《古文观止》收了他三篇文章:《归去来辞》《桃花源记》《五柳先生传》。

归去来兮,田园将芜胡不归?既自以心为形役,奚惆怅而独悲?悟已往之不谏,知来者之可追。实迷途其未远,觉今是而昨非。

田园荒芜,包括心灵污染、写作荒废等意义,都是出外做官造成的重大损失。

做人应该以心灵主宰肉体,做官因形体役使心灵,这是问题之源,既已犯下这样的大错,改正就是,不必陷于悔恨,好在以后还有许多时间可以重新开始。

《论语》云:"往者不可谏,来者犹可追。"此处变化而成"悟已往之不谏,知来者之可追"。通常不加注出处。

归去来,田园将芜,心为形役,我们也都在使用,未必注明出于陶潜。这样做是否正当,有待研讨。

舟摇摇以轻扬,风飘飘而吹衣。问征夫行人**以前路,恨晨光之熹微**微明**。**

走水路,舟行水上,随波荡动,如舞。脱去官服,如卸镣铐,不必束带,也不必把纽扣一一扣好,江风拂面,衣襟飘扬,如飞。离官衙一步,滋味如此不同。

归心似箭,连夜赶路,问路程,向前看,恨看不远。"晨光熹微",成语。

《归去来辞》的风格近似抒情诗。这四句的句法相似,都是一、二、一、二,造成流畅,中间加上"之、其、而",增加节奏变化。

乃瞻远看**衡宇**房子**,载**又,且**欣载奔。僮仆欢迎,**

稚幼龄**子候门。三径**小路**就**快要**荒，松菊犹存。携幼入室，有酒盈樽**盛酒的容器**。**

换韵，改四言，配合情景变换。节奏变快，显示动作匆忙，心情兴奋。

上岸步行，看到自家住的房子，开始快跑。家中仆人早已出来迎接，孩子年纪小，在家门口等着。这时家中还有未成年的佣人，也未遭天灾，日子还过得去。

"衡宇"，横木为门之屋宇，简陋的民居。"三径"，庭园的小径，有典故说，"三径"一词源自西汉时期三位隐者专用的小径。

走到家门口拉起孩子的手，那个年纪最小的孩子。走到院子里一看，隐者专用的小路还没有被荒草淹没，当年种的松树、菊花也还活着，暗示旧业未凋尽，平素志向未改。

有下一代，有酒，不再需要别的。放开孩子去倒酒，酒更重要。

引拿起**壶觞以自酌，眄** miǎn 随意看看**庭柯**树**以怡**喜悦**颜**神色**。倚南窗以寄傲，审**知**容膝**能把膝盖放进去，狭小之易安。园日每天涉到以成趣,门虽设而常关。策手持扶老手杖以流憩边走边停,时矫首抬头而遐观远看。云无心以出岫峰峦,鸟倦飞而知还。景日影翳翳暗淡以将入入夜,抚孤松而盘桓留连不去。

再换韵,配合生活的新画面。十二句的句法相似,都是一、二、一(虚字)、二。随意舒展,和归田后的自由自在契合。

自己拿起酒壶,倒酒入杯,自己喝。喝酒的时候随意看看,院子里的树使我心情愉快。靠近南面的窗子,用很舒服的姿势坐着,解放个性,维持人格尊严。我确实感觉到这个狭小的屋子才是我永久安居的地方。我天天到园中散步,趣味无穷,园门总是关着,没有客人进来。有时候我拄着手杖走出去,走走歇歇,常常抬起头来看远处的风景,看到山中的白云依恋在山中,不想远走天涯,看到飞鸟也都疲倦了,回到自己的窝里休息。

为什么在风物之中偏写飞鸟白云呢?因为倦鸟归巢、白云依岫,都有归隐之心,它们都是陶渊明的知音同道。日光逐渐黯淡的时候,为什么要写扶着一棵松树不肯离开呢？因为陶渊明就是一棵孤松，不问外物如何变化，自己的立场坚定不移。这就是作家对素材的"选择"。

这一段写的是归隐初期的日常生活。

归去来兮，请谦词**息交以绝游。世**世俗**与我而相**互相**违，复驾**远行**言**虚字**兮焉何求？**

"归去来兮"，再以咏叹的语气重复一次，是抒情，也是明志。

前面偏重描述外景，再换韵，以下描述自己的心情。

交游，社会上的人际往来。"息交、绝游"，停止、断绝这些世俗关系。

世俗不需要我，我也不需要世俗，我还到外面去干什么呢？

悦亲戚之情话，乐琴书以消忧。农人告余以春及到**，将有事于西畴**田亩**。或命巾**帷幔**车，或棹**船桨**，用桨划船**孤舟**。既窈窕**地形曲折**以寻壑**山谷**，亦崎岖**道路不平**而经丘**高地**。木欣欣以向荣，泉涓涓而始流。**

善万物之得时，感吾生之行休可以休息。

官场说话，虚虚实实，尔虞我诈。亲戚谈话，有真实的感情。悦，我喜欢。

春天到了，农人都到田野中耕作。我有时候坐在有帷幔的车中，一路高高低低经过隆起的土山，有时找人划一条小船，弯弯曲曲沿着幽深的河谷走去走来。看春色来天地，看又绿江南岸。万物适应天时，我也可止则止，用陶公的诗来说："众鸟欣有托，吾亦爱吾庐。"

为什么只写春天，不写冬天呢？因为春天的气候、风景、人物动作，使人放松，使人舒展，使人看一个从头开始的世界，人与自然容易相契，这样的背景跟他归隐的愿望配合。秋气肃杀，冬气闭塞，都不适合，所以作家对素材要"选择"。

已矣乎！寓形宇内复几时？曷何**不委心任去留？**胡何**为遑遑**不安**欲何之**往**？**

"算了吧！"这时陶渊明还没到"不觉知有我"的境界，

语气还有不甘,就文论文,这样增加了文气的抑扬。

"寓形",人的形体寄放在世界上,时间并不长久。何不想做什么就做什么,想到哪里去就到哪里去?为什么还要匆忙奔走,心神不定?孔子周游列国,被人描述为"栖栖皇皇,如丧家之犬"。

人不过是沧海之一粟,不要跟自然法则争长短,用西方人的说法:不要替上帝解决问题。

富贵非吾愿,帝乡不可期。怀盼**良辰以孤往,或**也许**植杖而耘耔。登东皋以舒啸,临清流而赋诗。聊**姑且、暂且**乘化以归尽,乐夫天命复奚疑?**

再换韵。我不希望富贵,也不知道人是否能够得道成仙。我只是享受眼前的生活,希望趁着天气好,一个人投入大自然的怀抱。别人已耕过的土壤松软可爱,我把手杖插在地上,拔草培苗。走到地势高的地方放声长啸,来到河水旁边吟诗。

春夏秋冬、生老病死都是宇宙的自然变化,我要任凭它、顺从它,像坐车一样由它把我载到生命的终点。这是天地自然的法则,我接受它、顺从它,不用再东想西想。用陶公自己的诗句来形容:"纵化大浪中,不喜亦不惧。"

最后,陶渊明把他的归隐提高到哲学的层次,归隐的问题不是经济,而是思想观念。陶公一路写来,安排了层次。起初,"舟摇摇以轻扬,风飘飘而吹衣",只是单纯的快感。然后,"世与我而相违,复驾言兮焉求?"有了反思。最后,"聊乘化以归尽,乐夫天命复奚疑?"皈依哲学。一层比一层深刻。"层次",我们今天写白话文的人,也都没有忽略。

陶渊明的作品得到后世极高的评价。昭明太子说他"独超众类",唐宋大诗人李白、杜甫、白居易、苏轼、陆游都非常推崇他,朱熹指出,《归去来辞》虽然继承楚骚,却没有苦眉皱脸怨天尤人。欧阳修甚至说,西晋、东晋只有一篇文章,就是《归去来辞》。

宋涛在《古文观止》注里称赞它的形式美:"全文韵律优美,意境空灵,同时又有抒情和浪漫气息,千多年来广为传诵。"谢冰莹等八位教授注释的《新译古文观止》,指出它的"表象"与内层的复式结构:"所谓归去,意指由城还乡,由官坊归田园;就其内涵看,实际是从心为形役到委心任去留的心灵主体性的追寻和回归。"网络上也有很多高见:"山中人"表扬《归去来辞》淡雅自然,优美含蓄,音节和谐,章法匀整,有悠然冲淡的情致。一篇没有作者署名的文章说:"《归去来辞》是一篇孤愤难平、忧乐相生的心灵之歌,有返璞归真、颐养天年的自足自安,也有时光易逝、人生苦短的悲愁苦叹;有纵浪大化、逍遥浮世的自由自在,也有误入官场、心性扭曲的懊悔痛心;有家人团聚、琴书相伴的宁静淡泊,也有世乏知音、心曲难诉的郁闷孤寂。"这一段话最能说出陶公作品似简单而实繁复、似独奏而实交响的艺术特色。

"不为五斗米折腰"以后,陶渊明隐居了二十二年,《归去来辞》描述他归隐初期的生活和心情,这时刚刚从牢笼中脱身,只见其乐,不觉其苦,他家中还有一些生活资源可以消费。后来他和他的夫人真正下田劳动,接二连三发生天灾,收成不好,他的岁数也慢慢增加,劳动的能量降低,日子就拮据了。他曾经一连几天没有饭吃,也曾经饿得跑到朋友家中去乞食,这些情况,都在他的诗中反映出来。唐朝的王维说,早知如此,当初何不降低姿态继续做县令?但是颜延之、桓道济,这些很有影响力的人物也曾愿意帮忙,他还是坚决地拒绝了。

读《归去来辞》，别忘了李白有一篇《与韩荆州书》；读李白的《与韩荆州书》，别忘了陶渊明有一篇《归去来辞》。这是两种人生观，或者是一个人的两个阶段。直到今天，中国的读书人还受这两种欲望支配，一个能仕，一个能隐。

若要了解隐逸，陶渊明的诗也不可不读，下面这一首，可以说是《归去来辞》的变奏：

> 少无适俗韵，性本爱丘山。误落尘网中，一去三十年。
>
> 羁鸟恋旧林，池鱼思故渊。开荒南野际，守拙归园田。
>
> 方宅十余亩，草屋八九间。榆柳荫后檐，桃李罗堂前。
>
> 暧暧远人村，依依墟里烟。狗吠深巷中，鸡鸣桑树颠。
>
> 户庭无尘杂，虚室有余闲。久在樊笼里，复得返自然。

有学问的人曾经讨论：陶渊明究竟是儒家还是道家？

问题之所以发生，是因为儒家思想有一部分和道家叠合。有些人认为陶渊明是儒家，他们忽略了一个现象：陶公但求自适，很少考虑妻子的生活。儒家认为一个人是五伦中的一员，他对君臣、父子、兄弟、夫妇、朋友都有责任，他要为这些人作出牺牲。

关于"仕"和"隐"的矛盾，孟子提出一种主张，"为贫而仕，邦无道则隐"。没错，可是如果你没有谋生技能、经济来源，你不能让父母妻子跟你一同"夏日长抱饥，冬夜无被眠"。你应该出去做官，但是，你但求维持基本生活，不可图富贵，所以只能做小吏，不可以求腾达。这样，你是这一件政治大工程里的一名技术小工，该受的委屈你要受，对决策、设计不负责任。陶公显然没有这样的想法。

道家要求现在满足自己的性情，将来飞升成仙，以"我"为中心，五伦都是他的束缚和累赘，他飞升的时候，不带走一片浮云。如此看来，我们得在道家里面给陶公找一个位置。

回到文学欣赏，不管他是儒也好，是道也好，《归去来辞》是隐逸文学的上上品，田园文学的佼佼者，它圆满具足，自成宇宙，儒和道都是艺术以外的事。如果它跟儒家思想不符,它不会减色;如果它跟道家思想契合,它不会增色。我们不向他找儒,不向他找道,我们找的是艺术。这是今人读《古文观止》的态度,如果以什么主义、什么史观为前提,这两百多篇古文就挑不出几篇可读了。

19. 李白：与韩荆州书

这是李白写给"韩荆州"的一封信。

韩荆州的名字叫韩朝宗，长安人。李白三十四岁时写了这封求职信，当时韩朝宗在襄阳做官，常常向朝廷举荐人才，在士人中有很高的名声。唐代风气，士子可以到处写信给大官要求拉一把，并不构成品格上的瑕疵，《古文观止》还收了苏辙写给枢密韩太尉的信、韩愈写给宰相的信，都对怎样有求于人做高雅的示范，可以参照研读。

李白这封信创造了一个典故——见到名人贵人称为"瞻韩"。瞻，往高处看，往远处看，表示对方高高在上，与我们隔有相当的距离，平视、俯视是看不见的，你得仰视。现在对人说客气话，有时候还用"瞻仰"。

中文讲求对仗,有了"瞻韩",又有"御李",御,赶马车,跟一位姓李的做过车夫。这个姓李的人是汉朝的李膺,名门望族,直臣清流,知识青年的偶像,能够蒙他接见,称为"登龙门"。有一次,他正要坐马车出门,忽然有人求见,这位客人知道见面的机会难得,要求在马车上谈话,于是李膺坐在车内,来客坐在车夫赶车的位子上,边走边谈,完成了这一次拜会。这位客人很得意,向人夸耀"我今天替李膺赶车"。在文言的尺牍里面,表述想跟一个人见面而不能如愿,他使用的语言可能是"有志瞻韩,无缘御李"。

李白在这封信里高度颂赞了韩荆州,有些人读了,认为这种赞美只有韩愈当得起。但韩荆州非韩愈——李白死后六年韩愈才出生,两人差了一代。

这篇文章的题目是《与韩荆州书》,不是"上韩荆州书",这是李白的傲气。

古人留下很多捧人、求人的诗文,都写得很好,成为中国古典文学特色之一。有学问的人说,中国人在专制政权下活了两三千年,一切靠由上而下的赐予,对有权势的人不能争、只能求,不能骂、只能捧,发展出一套技巧,克服了尴尬肉麻。

旧时基本教育——《万事不求人》，其中有一卷尺牍，专门教你如何求人。

直到今天，写吹牛拍马、歌功颂德的文件，还是用文言文比较顺溜、大方。文言有典故，古人分担了难为情，有陈套，构词容易、含蓄，可以心领神会。

李白虽然写了这样一封信，并未得到韩朝宗的帮助，反倒是他帮了韩朝宗一个大忙，如果没有这封信，我们大概不会知道有个韩朝宗。

白闻天下谈士以言谈见长者**相聚而言曰："生不用封万户侯，但愿一识韩荆州！"何令人之景慕，一至于此耶?**

"万户侯"，公侯伯子男，古代的爵位。君主封臣子为侯，赏赐他一块土地，在这块土地有一万户人家，这些人家交的税就是这位侯爷的俸禄。史书有万户、八千户、五千户等字样。

李鸿章的诗说："一万年来谁著史，三千里外欲封侯。"封侯是很高的爵位。

"生不愿封万户侯"云云,可能不是"天下谈士相聚而言",这顶帽子太高,韩朝宗并没有"伟大"到这个程度,能否在别人(和李白同时代的人)的著述里也找到这两句话?如果找不到,这就是"孤证"。李白像一个豪赌的人,一出手就下大注,可以看出他的决心。

有求于人,照例先讨对方欢心。从前的人写信有一个格式,开头问安,祝福,称赞对方了不起,然后写"敬恳者",转入本题正文。有一个大官,每天叫秘书把别人的来信念给他听,他对秘书说:你从"敬恳者"开始念好了。

岂不以周公之风,躬吐握之事,使海内豪俊奔走而归之;一登龙门,则声价十倍。

韩公您何以能令天下士子倾倒呢?难道不是因为您像周公、像李膺吗?

周公,辅佐周武王治国,武王死后,继位者成王年幼,由周公摄政,一向礼贤下士。他正在洗头时,有人求见,他立刻握着湿淋淋的长发出来,等客人走了再继续洗;他正在吃饭的时候,有人求见,他立刻把口中的饭吐出来,等客人走了再继续吃,称为"一沐三握发,一饭三吐哺"。

龙门:传说每年暮春,黄河鲤鱼逆流而上,到了龙门,跳过龙门山,化为龙。人才若被埋没,和一般人混在一起,一旦得到重用,立时变化超凡。科举试场的正门也叫龙门,考取了功名,等于鱼跳过龙门。东汉李膺名满天下,士子若蒙他接待,也立刻出名,人们称为登龙门。

所以龙蟠凤逸之士,皆欲收名定价于君侯_{尊称}**。愿君侯不以富贵而骄之,寒贱而忽之,则三千**_{齐孟尝君养士三千}**之中有毛遂**_{赵平原君门客}**,使白得颖脱而出,即其人焉。**

您是第一流老板,吸引第一流人才,所以我来了。

龙凤,人才。蟠逸,姿势处境,不能龙飞凤舞,龙啸凤鸣,不得志。到底是不是龙凤,要到您这里来鉴定。

"富贵而骄之",有钱财、有地位即盛气凌人,财大气粗。

毛遂,战国时期赵国人,平原君赵胜的门客,秦国围攻赵国都城邯郸,平原君到楚国求救,毛遂自告奋勇陪同前往。平原君和楚考烈王谈判时,毛遂直说利害,使得楚王同意与赵国结盟,并派春申君援救赵国。

"颖",尖端。引申为笔尖,才能出众的人。俗语说尖子,冒尖子;文雅一点说聪颖、颖悟,都是说有才能的人跟一般人不同。

毛遂自己请命的时候,平原君曾说:"把铁锥装进布囊中,锥尖立即穿透布囊露出来,你在我这里好几年了,没看见你有什么苗头啊?"毛遂说:"现在我要求跟您出使楚国,就是想请您把我放在囊中啊!那时我这把锥子的锥尖自然跳出来!"这是"脱颖而出"成语的来源。

<u>白,陇西</u>甘肃<u>布衣</u>平民<u>,流落楚汉</u>荆州<u>。十五好剑术,遍干</u>拜谒<u>诸侯</u>地方大吏<u>;三十成文章,历抵</u>一一拜访<u>卿相</u>朝廷大员<u>。虽长不满七尺,而心雄万夫</u>有大志<u>,王公大人,许与</u>赞许<u>气</u>内心修养充实<u>义</u>外部行为正当<u>。此畴曩</u>长久以来<u>心迹,安敢不尽于君侯哉?</u>

先自我介绍:我是甘肃平民,到内地游历,现在来到您韩公治理的地方。我十五岁习武,三十岁习文有成就,

这几年满怀雄心壮志，拜见了各地的军政领袖，那些王公大人都认为我内有正气，外有义行。这是我多年以来的经验阅历，怎么可以不向您倾心吐胆呢？

三十成文章，李白写这封信的时候三十四岁，正值完全成熟的巅峰时期。

推销自己，表示见过场面，得到许多有地位的人肯定。特别提到自己还是平民布衣，表示还没有派系归属，是政治上的"处女"。

"安敢不尽于君侯哉？"有人说，"尽"是尽心竭力，平生气义都愿意供韩荆州使用，毫不保留。

君侯制作侔看齐**神明，德行动天地**世界**，笔**文章**参**参加**造化**大自然神功**，学**学问**究**彻底**天人**天道人事。**幸愿开张心颜**态度开放，表情和悦**，不以长揖见拒**我只作揖不磕头**，必若接之以高宴**高等菜色、高等场所、高等来宾**，纵**不加限制**之以清谈，请日试万言，倚马**作文敏捷**可待**！

"倚马"，晋桓温北征，袁宏倚马作檄。

功业可以比神明，道德修养可以影响世界，文章可以转变社会，学问可以彻底明白天道人事……这是一个什么样的人？

这一段把韩荆州捧得更高，可以说李白非常慷慨。俗语说上了台就是唱的，挑出来就是卖的，李白放得开。

应酬话总是言过其实，祝寿"寿比南山"，证婚"珠联璧合"，拜年"恭喜发财"。约定俗成，说的人未必认真，听的人也不要认真。当然，说得好，仍然博得满堂掌声。

抬高韩荆州之后，李白接着抬高自己，我以平等地位见你，你以贵宾待我。你是一流，我也是一流。有其君，有其臣。

求职的人对自己的才能表示非常自负，以引起主人的注意，不但在春秋战国时代有很多前例，现在工商业社会中也常有所闻。某公司征才，一人打电话应征，老板告诉他已经找到人了。此君提高声调说："你若看到我，你的意见会改变。"老板接见了他，也录用了他。

当然，分寸很难把握，李白是否做对了，有争议。

今天下以君侯为文章之司命决定文章出路**，人物**

之权衡评判人才轻重，**一经品题**打分数，排名，加批语，**便作佳**品行端正、才学兼优**士。而君侯何惜阶前盈尺之地，不使白扬眉吐气**施展抱负，**激昂青云**向最高处发展**耶?**

今天您一言九鼎，只要您让我站在您的台阶下面，我就可以怎样怎样……在这里，李白用了第三者劝说的口吻，虽然迫切，却显得委婉。

昔王子师汉朝的王允**为豫州**刺史，**未下车**到任，**即辟**主动任用**荀慈明**荀爽**；既下车，又辟孔文举**孔融。**山涛**晋人**作冀州**刺史，**甄拔**选拔**三十余人，或为侍中、尚书**大官**，先代所美**做得漂亮。

荀爽，荀氏八龙之一，后来做到司空。

孔融，建安七子之一，做到北海相。

山涛，竹林七贤之一。

举前贤以勉励之。历史怎样记载他们，也怎样记载您。今人怎样称赞他们，后人也怎样称赞您。

而君侯亦一荐严协律严武**，入为秘书郎。中间崔宗之**御史**、房习祖、黎昕、许莹之徒，或以才名**能力**见知，或以清白**品格**见赏**见知见赏，文字不重复，意义相似。**白每观其衔恩**不忘恩**抚躬**扪心，反省**，忠义奋发**一股豪气，要报恩。**白以此感激，知君侯推赤心于诸贤之腹中，所以不归他人，而愿委身国士**全国所推崇景仰的人。**傥**倘**急难有用**不仅平时，疾风知劲草，赴汤蹈火**，敢效微躯！**

举韩荆州已经有的成绩以鼓动之。你已做了许多，还可以再做一件。我才值得您这样做。

特别说受提拔的人都感恩图报，引发韩荆州推荐的动机。再进一步说我受到感动，所以不投别人来投您，要和他们为伍、看齐，一同感激您、报答您。但是非常委婉，李白说明自己也是有选择的，君择臣，臣亦择君。良禽择木而栖。

说到这里已淋漓尽致。

且人非尧舜，谁能尽善？白谟猷筹划出谋定计**，**

安能自矜自夸？**至于制作**诗文作品，**积成卷轴**书本前身，**则欲尘秽视听**希望你看看，弄脏耳朵眼睛了，谦词。**恐雕虫小技，不合大人**尊者贵者，做大事的人。

圣人无所不知，无所不能，我不是圣人，政治上的纵横捭阖，军事上的运筹帷幄，我知道谦虚；至于说到文学方面的成绩，我累积了不少，很值得您看看。您是做大事的人，只怕我这点小玩意儿不配给您看。

淡淡提及"谟猷筹划"，暗示可以当大任、成大事，非仅文章。揣摩韩荆州的心，点到为止，未坠入苏秦、张仪之流。

诗文的材料都是具体事物，所谓风花雪月。作家小处着手，尽心刻画，因此称小说、小道、雕虫小技。

汉扬雄说雕虫，南北朝刘勰说雕龙。诗文作品小处见大，寓抽象于具体，藏无限于有限。造端乎夫妇，达于天地。雕虫可以化龙。

若赐观刍割草**荛**打柴刍荛之言，自谦水平低，**请给纸笔，兼之书人**缮写的人，**然后退扫闲轩，缮写呈上。**

庶青萍剑名**结绿**玉名，**长价**提高价值**于薛**薛烛，剑专家**卞**卞和，玉专家**之门**。

依惯例，上书求见的人会把自己的作品一并送去，李白不然，你如愿意读我的作品，请派人到我家抄写，并且自备纸笔。姿态高。

李白一再说自己的作品很平凡。但是，他说，您不看则已，一旦看了，就会发现这些作品出类拔萃，正是您这位文学权威寻找的东西。这些作品一旦得到您的认可，也就从此有了很高的价值。很自负。

李白用剑和薛烛的关系、玉和卞和的关系，比喻他和韩荆州的关系，或者说他希望两人是这种关系。

在中国古代，剑是一种神秘的武器，附有许多传说。薛烛，给剑"看相"的专家；卞和，春秋楚人，识玉的专家。

卞和在荆山发现一块石头，知道石头里藏着宝玉，献给楚王开采，楚王不信，以欺君论罪砍掉他的左脚。楚王死，儿子继位，卞和再把藏玉的石头献给新王，新王不信，砍掉他的右脚，等到孙子做了楚王，才把石头剖开，把宝玉取出来，就是有名的"和氏璧"。蔺相如完璧归赵，秦始皇的传国玺，都是这块玉。

李白对韩荆州说，我进了你的门下，等于宝剑到了薛烛手里，美玉到了卞和手里。既捧对方，也捧自己。

物品的价值，要看归谁所有。和氏璧做了秦始皇的玉玺，加倍珍贵。一只袜子，杨贵妃穿过，看一眼也得交钱。马，楚霸王骑过；首饰，伊丽莎白·泰勒戴过，都会增加身价。

幸推推荐**下流**指自己，谦词**大开奖饰，唯君侯图之！**

"幸推下流"，有人说是推恩到达下层。推恩，恩德由高到低，由近到远，由亲到疏，爱屋及乌，扩大关怀，所以接着说"大开奖饰"。也有人说是推荐我这个才能很低的人。

由这封信看，早期李白也愿意遵照一般游戏规则，角逐世俗上的成就，与我们对他的刻板印象不同。后来"钟鼓馔玉不足贵，但愿长醉不愿醒""痛饮狂歌空度日，飞扬跋扈为谁雄"，是他遭受重大挫折之后"看破了"，而李白的看破代表对富贵功名的绝望，所以一切表演迁就都不必了。孔子曰："富而可求也，虽执鞭之士，吾亦为之，如不可求，从吾所好。"

有学问的人说，中国从前的读书人受两种思想交替支配，一是"仕"的思想，一是"隐"的思想。仕，求功名显达，有权力，成就一番事业，小而言之光宗耀祖，大而言之福国利民。隐，退出跑道，放弃世俗都在追求的目标，与大自然为伍，过简朴的生活，小而言之陶情怡性，大而言之天人合一。

李白的这封信，可以代表"仕"的思想，他学剑，学书，学纵横，都是为了用世。二十二岁开始漫游各地，"遍干诸侯，历抵卿相"，寻找出仕的机会。来到荆州，把希望放在韩朝宗身上，放下身段，压抑个性，好话说尽。他必须遵守游戏规则，才会入局；必须入局，才会赢；必须赢了，才有舞台实现理想抱负，展示风骨气节。

陶渊明的《归去来辞》，表现了"隐"的思想，《古文观止》也收了这篇文章。陶渊明对游戏规则感受不到"游戏"的滋味，那只是拘束，只是屈辱，只是弄虚作假违反自然。从这条管道钻出来，如何能有完整的人格？如何能有高尚的理念？这个过程是毁灭，必须毅然退出、逃走，保全自我的纯真。现在好了,归去来兮,他是如何自在!读过《与韩荆州书》,再读《归去来辞》,可以体味一事的两面。

"仕"和"隐",常常一同潜伏在某个人的灵魂里。李白求仕,他年轻的时候也曾学神仙,也曾有隐于山中的记录。陶渊明求隐,也曾"误落尘网中,一去三十年"。大多数人先求仕,后求隐,仕是他的特技表演,隐是他的安全网。

20. 李华：吊古战场文

吊战场就是吊战死者，古时不兴设立无名英雄纪念碑或抗战阵亡将士纪念碑，李华以古战场为凭吊的对象。战场是他们的丧生之地，李华不知道他们是谁，天地知道，战场辽阔，天地俨然如灵堂，历史的感觉、宗教的感觉都油然而生，具备了写出好文章来的客观条件。

古代战争用车战或阵战，需广大平原作战场，有些地方为兵家必争之地，那个战场为各时各代的军队轮流使用。历史上许多著名的大战在此发生，情况惨烈。英雄生死，朝代兴亡，影响深远。

战争的破坏力大，古战场上原有的村庄人家消失了，传说横死异地之孤魂野鬼不得超度，无处收留，常留在原地漂泊害人，新的村落也就不再出现。大平原荒凉闲置，无人建设，成为常设的人类相互毁灭之地。和平难得，愚昧不断重演，如隐性的绝症。

以上构成对诗人的巨大撞击，他用赋体铺张扬厉，表现澎湃汹涌的情感。这样作文章是在朗诵和吟唱中进行的，是在对天地的质问和祈求中进行的，是在众生的呐喊和呻吟中进行的，朴素含蓄的古代散文做不到，可知文体各有所长。杜牧的《阿房宫赋》也是如此，这两篇文章可以互相参看。

中国人最熟悉的古战场有：

长平之战，今山西高平西北。战国时期，秦国进攻赵国，赵国四十万大军被擒。白起在战场所在地长平就地挖坑，坑杀四十万条生命。

垓下之战，今安徽灵璧境内，楚汉相争的最后决战，项羽兵败自刎。

昆阳之战，今河南省叶县，刘玄、刘秀击败王莽的大军，开东汉之新局。

官渡之战，今河南省中牟县东北，三国时期三大战役之一，曹操破袁绍。

赤壁之战，今湖北省境内，三国时，孙权、刘备联军破曹，三分鼎立之势形成。

夷陵之战，今湖北省宜昌东南，三国时吴陆逊利用火攻大败蜀军，《三国演义》上所谓的"火烧连营七百里"。

淝水之战，今安徽寿县附近，东晋谢安破前秦苻坚，得偏安五十二年。

汉唐以前的古战场，还有周灭商的"牧野之战"（河南淇县）、战国时齐破魏的"马陵之战"（河北大名东南）、楚汉相争的"成皋之战"（河南荥阳）。

"二战"时期，美军攻塞班岛，日军坚守，弹尽援绝。最后一役，黎明时，在一组十二人拿着大红旗领导下，所有剩下可战斗的军队，大约三千人冲出来，对美军做最后攻击，只见受伤流血的士兵后面，一片布满了缠上绷带的头，一群拄着拐杖的人，他们全部阵亡。岛上的日本妇孺撤到悬崖上跳入海中，超过两千人。

硫磺岛之役，美军有 26029 人伤亡，终于在该岛的折钵山上竖起美国国旗，这张照片至今很流行，成为绘画、雕塑和邮票的图案。战役最后，日军栗林大将、市丸少将率领剩余的数百名士兵向美军航空兵营地做自杀式反击，全部死亡,栗林大将冲锋前扯去了军衔章,因此无法确认尸体。

美军占领全岛后,个别日军狙击手藏在树上或洞穴内伺机射杀美军,名记者恩尼派尔死于岛上。此役日军的玉碎意志和美军的重大损失,导致罗斯福总统牺牲中国利益换苏联参战。

战后有许多人到塞班岛凭吊古战场,有人向我描述战栗的感觉、丧失语言能力的感觉。

现代有人认为李华的这篇文章太强调战争的负面作用,太注意个人的生死。战争促使民族团结,推动社会进步,提升科技发明,激发每个人的潜力,即使是破坏,也为未来的建设开拓空间。你既然没有办法避免战争,你就必须打赢这场战争,最悲惨的事不是战争而是战败,你有什么选择呢?一个人的生死又算什么呢?

说的也是,你也可以写一篇文章歌颂战争的壮烈、英雄的丰功伟绩、战士的舍身忘我;你也可以使用李华在这篇文章里使用的技巧。你可以剔除他的思想感情,吸取他的表现方法。

李华是唐代的辞赋名家,赵州赞皇人,今天的河北石家庄附近。赞皇姓李的出了许多名人,唐代的高官李峤、李德裕、李吉甫,文学家李华、李翰、李观等。李华是开元进士,天宝中做到监察御史,这是朝中的高官。"安史之乱"发生,长安沦陷,李华被俘,叛军强迫他担任伪政府的职务。战后被贬,后来生了慢性疾病,辞官隐居,皈依佛门,告诉子孙不要做官。他事迹不多,但文辞华丽。

浩浩广大**乎!平沙无垠**边界**,敻** xiòng 广阔遥远**不见人,河水萦** yíng 围绕**带,群山纠纷**不整齐,乱山。**黯兮惨悴**凄惨**,风悲日曛**日色昏沉**。蓬断草枯,凛**寒气**若霜晨。鸟飞不下,兽铤**疾走**亡群**不成群**。亭长**地方小吏**告予曰:"此古战场也,尝覆三军。往往鬼哭,天阴则闻。"**

"浩浩",形容广大,浩荡,浩瀚,浩劫,都是大。"平沙",广阔的平地,像沙漠一样,上面没有树木房舍,古琴曲有《平沙落雁》,所以战场又称沙场。在这一望无边的平地上,河流是弯曲的,山峰是紊乱的,日光是黯淡的,景象是凄惨的,野草是枯萎的,寒气逼人,就像深秋满地浓霜的早晨。这样的地方,鸟从空中飞过,不肯落下来休息,兽从地上疾走,不肯等待伙伴。

这种写法今人称为"舞台布景法",大幕拉开,演员尚未出场,舞台上的画面先给观众有力的暗示,培养他的情绪。

"浩浩乎",先声夺人。不安定、不吉祥、不自然的状态,不是寻常空地,好像被化学品或核子废料污染过。王国维说:"以我观物,物皆带有我之色彩。"山水天日鸟兽反映了诗人心情。这是什么样的地方呢?亭长出来点破。

亭长,秦汉之制,每十里一亭,亭有长。刘邦曾为泗水亭长。有人说,在这里,亭长未必一定是官员,也可以是资深的地方父老,俗称之为"土地公"。

三军在这里覆没。三军,周朝的制度,天子六军,诸侯三军。后来的用法,三军就是大军,一场够规模的战争双方必有相当人数,几万几十万人主力决战。

几百个敢死队,几千人前锋,只能算试探性接触。

战场鬼哭,各地都有这种说法。对日抗战,云南腾冲战役惨烈,当地居民说,夜间或阴雨时常常听到哭声和呐喊厮杀之声。

伤心哉！秦欤？汉欤？将近代欤？

上一段描述外景,现在直逼内心。伤心哉,"吊"开始了,三个字如京戏叫板:你听了……

欤,文言的问句,古时不用标点符号,问句的末一字用欤、乎、耶,表示语气。李华的三问也表示历代都是如此,未必要寻找答案。三问唤起以下历史回顾。

<u>吾闻夫</u>我听说<u>齐</u>国<u>魏</u>国<u>徭</u>yáo 劳役<u>戍</u> shù 守边,<u>荆楚韩召募</u>征兵募兵。<u>万里奔走,连年暴露</u>披星戴月。<u>沙草晨牧,河冰夜渡;地阔天长,不知归路。寄身锋刃</u>刀尖,<u>腷</u>bì 苦闷<u>臆</u>心事<u>谁愬</u>诉?

"吾闻夫",客气话,也表示有一大段话要说。

先从战国说起,战国时代战争次数多,规模大,战况惨烈(一场大战,秦坑赵降卒四十万),兵学思想务实,继孙武、吴起之后,出现孙膑、庞涓、乐毅、田单。

战国时,齐国、魏国征兵征夫,楚国、韩国征兵、募兵,依骈体偶句的写法两两分列,意思是各国都做这些事情。

那些被政府征募去的人，生活不安定、不正常，更要命的是天天在刀尖上过日子。丘吉尔说，你可以用刺刀做很多事情，但是不可以坐在刺刀上。很不幸，这是一批"坐在刺刀上的人"。

由战场的静态发展到战争的动态，打破时间空间限制，正如《文心雕龙》所说，作家"神驰万里，虑接千载"。

谁诉？向谁诉？难诉，无诉。那时军中不准诉，社会不可诉，"谁"字出现"人"的形象，身旁眼底来来往往多少人！没有一人可以诉说。

秦汉而还以来，**多事**不断有战争**四夷**四方少数民族；**中州**中原地区**耗斁**dù 消耗破坏，**无世无之**。

战国之前，秦汉，对边境少数民族多采攻势，"攻击乃最佳之防御"，在敌人的土地上作战叫"外线作战"，在自己土地上作战叫"内线作战"。外线作战优于内线作战。

李华似乎把这些战争归咎于朝廷开疆拓土，忽略了少数民族的挑衅。

古称戎外族**夏**汉族，**不抗王师**王者之师，行仁政的军队。**文教**礼乐教化**失宣，武臣用奇**出奇制胜**，奇兵有异于仁义，王道**感化吸引**迂阔**不合实际**而莫为**。

李华似乎认为如果君王行王道、施仁政，可以感化少数民族自然归顺，边疆就不会有战争。古人推崇义师和仁者之师，人道主义色彩浓厚，敌军布好了阵势我再攻击，敌军经过险要的隘道，我不乘人之危。不吸收敌方的人做间谍，不鼓励叛变。不杀负伤的敌人，不杀投降的敌人。敌国有重大灾害，或敌国的国君死了，新君刚刚继位，我都不在这个时候发动战争。

军人有他的专业考虑。"战争的唯一目的就是胜利"，"胜利是没有代用品的"。奇兵，奇计，只问效果，不顾道德。《孙子兵法》开篇直言无隐："兵者，死生之地，存亡之道。""兵以诈立，以利动。"像孙武、吴起、孙膑这些人，绝对不相信"仁者无敌"，仁义道德可以是战争手段，绝不是最高原则。像"坑降卒四十万"这样的事，他们不做，像敌军布好了阵势我再攻击，他们也不做，因为对胜利没有帮助。如果为胜利所必需呢？敌军布好了阵势我再攻击，可以做,"坑降卒四十万"做不做?咳,咳,难说。

呜呼噫嘻!吾想夫北风振沙漠**,胡兵伺便**得天时地利**。主将骄**轻视**敌,期门**军营的大门**受战。野竖旄** máo **旗**陆战军旗,用旄牛尾装饰**,川回**沿河岸布阵**组练**作战服装,借代战士**。法重**军法量刑较重**心骇,威尊命贱。利镞**箭头**穿骨,惊沙入面**扑面**。主客相搏,山川震眩。声析**分裂**江河,势崩**塌下来**雷电。**

由"吾闻夫"到"吾想夫",由空空的战场发展到战斗实况。调子拔高。"吾想夫"之前安置"呜呼噫嘻",闻者脸色一变。

李华设想战况:敌人在北,我在南,北风向南吹,卷起尘沙,对敌人有利。不幸我们的司令官低估敌人,戒备松懈,敌军冲到军营的大门,我军才起而接战,仰攻,被动,情势不利。指挥官在作战时有绝对权威,军法的刑罚又比一般刑罚严厉,想起来令人心惊肉跳,哪里还顾得了自己这条命?指挥上的缺陷,下级官兵只有用鲜血来补救。

敌人顺风放箭,威力特别强大,我军逆风攻击,风沙也成了敌人的武器。两军贴身缠斗,山川为之震动,江河为之分裂,雷电为之坠落。这是官兵主观的感受,李华移作客观的描述,形成修辞的"夸张"。

至若至于**穷阴凝闭**严冬天地闭,**凛洌海隅**边疆;**积雪没胫**小腿,**坚冰在须**。**鸷鸟**猛禽**休巢,征马踟蹰,缯**丝织品**纩**棉衣**无温,堕指裂肤**。

由眼前的战场发展到其他不同的战场,想象塞外战争的苦况。边患多在北方,大军出征,外线作战,惨烈更甚。

严寒的冬天,天地好像关门了。尤其是边境近海的地方更冷,衣服不能保温,雪深不能举步,人的胡子上结了冰。这种天气,最凶猛的鸟也待在窝里,经历过多次战役的马也不肯往前走。人在这种低温下待得久了,手指头会冻得掉下来,皮肤会冻得裂开。

当此苦寒,天假帮助**强胡,凭陵**仗着**杀气,以相剪屠**歼灭**。径**正面直接**截辎重,横**侧面**攻士卒;都尉**武官**新降,将军覆没**战死**。尸踏巨港之岸,血满

长城之窟。无贵无贱，同为枯骨，可胜言哉！

写天候的压力，再拔高。

北地苦寒，胡人是在这种气候里锻炼出来的战士，同样的温度，只伤害汉人，不伤害他们，老天好像站在他们那一边。胡人仗着这种优势，士气很高，想把汉军全部消灭，先把后勤补给的物资公然抢去了，又从侧面攻击汉人的主力，也得手了。汉军的将军战死了，下面的武官投降了，河边战死的官兵，尸首堆得和河岸一样高，他们的血流到长城城墙下面，把坑洞填满了……

拿破仑攻俄失败，原因之一是士兵不能适应冰天雪地，有人说拿破仑是被"雪将军"和"冰将军"打败的。

"胜言"，说完；"可胜言哉"，怎么说得完。文言句法，常用在段落之末。

鼓衰兮力竭，矢箭**尽兮弦绝**断**。白刃交兮宝刀折，两军蹙** cù 逼近 **兮生死决。降矣哉！终身夷狄；战矣哉！骨暴** pù 显露 **沙砾。鸟无声兮山寂寂，夜正长兮风淅淅。魂魄结兮天沉沉，鬼神聚兮云幂** mì

<u>遮盖</u>幂。日光寒兮草短,月色苦兮霜白。伤心惨目,有如是耶!

战役结束,哀悼之声未绝。军令以鼓声指挥进攻,可是鼓声微弱,鼓手没有力气了。战斗开始,远距离交锋用箭,箭已经射完了,弓也不能使用了。接着近距离交锋用刀,刀在激烈的拼斗中折断了。两军的胜负已经决定了,怎么办?降了吧?一辈子做文化落后的外族人,对不起祖先。拼了吧?尸骨暴露在细沙碎石上,无人掩埋。杀声停止了,夜很寂静,战斗结束了,夜还很长,明天会有日光,日光也是冷的,今夜还有月色,月色也是苦的。伤心惨目怎么到这个程度呢?

"兮",相当于"啊",表示感叹的语气。以白话文比拟,余光中诗:"给我一杯长江水啊长江水。"

哀悼由"吾闻夫"起头,"吾想夫"堆高,"至若"再高,到"无贵无贱,同为枯骨",已经很难得,可是还能再高上去。"堆高法"有必要,作文如造园,不能只有草坪,也得有假山。"堆高法"很难,作者得有那么多材料可用,那么多词句可说,那么充沛的情感不吐不快,还得有那么长的一股气充沛流动。《古文观止》所收的《前赤壁赋》《为徐敬业讨武曌檄》《岳阳楼记》《阿房宫赋》,都使用了"堆高法",非常成功。

怎样学会这一招呢?目前能够用语言传达的方法是,反复读这些文章,读出声音来。读多少遍呢?一百遍?不够。一千遍?也许?你试试看。

"言之不足,故嗟叹之;嗟叹之不足,故咏歌之。"上一段是在嗟叹,这一段是在咏歌了。"吊"以哀歌的形式出现,堆到最高。

吾闻之:牧战国名将李牧**用赵卒,大破林胡**匈奴的一支。**开地千里,遁逃匈奴。汉倾天下,财殚**dān尽**力痡**pū疲。**任人而已,其在多乎?**

升高以后,开始下降,论说可以唤起理性,降低情绪。

赵国是战国时期的一个小国,因为任用了名将李牧,也能把匈奴赶到很远的地方去。汉朝是大一统的王朝,动用天下所有的力量对付匈奴,最后弄得筋疲力尽。人才重要,人多有什么用呢?

李华指出战争失败责在政府及统帅,下级官兵已付出一切。

周逐獫狁 xiǎn yǔn 匈奴前身,**北至太原,既城**筑城留守**朔方**地名,新领土**,全师而还。饮至**到太庙报告祖先,行饮酒仪式**策勋**功劳列入记录**,和乐且闲。穆穆棣棣**顺利,从容**,君臣之间。**

天下有道,战争事半功倍。
情绪再降。

秦起长城,竟终点**海**海岸**为关,荼** tú 苦菜 **毒**毒虫**生灵**人民百姓**,万里朱**红色**殷** yān 深红色**。汉击匈奴,虽得阴山。枕骸**尸体枕着尸体**遍野,功不补患。**

"荼毒生灵",毒害百姓。
"朱殷",可能指血,鲜血红色,若干时间后变暗红色,血痕新旧重叠,表示痛苦无人解救。也可能指战火,"焦土仍留几点红",天下无道,战争正面作用少,负面作用大。

从这些地方可以看出李华的军事思想。

情绪三降。

苍苍众多，头发黑色**烝民**众民，**谁无父母？提携捧负，畏其不寿。谁无兄弟？如足如手。谁无夫妇？如宾如友。生也何恩？杀之何咎**罪过**？**

情绪一升。

众生平等，都有生存的权利，都背负着亲人的爱和期望，没有谁该为谁死的问题。这些人活着的时候得到过什么恩惠？这些人被杀又犯了什么罪过？这是李华的反战色彩。

"生也何恩？杀之何咎？"另一解释：父母在如此世道中把孩子生下来，不能算是对孩子有恩。杀人本来有罪，如此世道，驱使许多人送死并不负责任。生，没有目的；死，没有理由，悲哀。

一连提出六问，改变语气，化被动为主动，对提高情绪有帮助。只有问题没有答案，刺激读者自己思考。

其存其殁mò死亡，**家莫闻知。人或有言，将信将疑。惸惸**忧思**心目，寤**wù睡醒**寐**mèi就寝**见之。布奠**祭品**倾**倒出来**觞**杯中酒**，哭望天涯。天地为愁，草木凄悲。吊祭不至，精魂何依？必有凶年**饥荒或瘟疫**，人其流离**不能安居。

"生男埋没随百草"的时代，政府对出征战死的壮丁没有善后服务，不会通知家属。对于音信断绝的亲人，有人说他死了，不能相信；有人说他还活着，也不能相信。只有心里忧愁想念，每天上床睡觉好像与他同在，每天早上醒来也好像与他同在。

"寤寐见之"，有版本作"寝寐见之"，那就是梦中相见。

"哭望天涯"，最后这一段文字的韵脚，押涯、知、疑、之、悲、离，这些字都在四支韵，为协韵，"涯"字读yí。

"大兵之后，必有凶年"，儿子丈夫送死还不够，自己还可能饿死病死。战争结束并非一了百了，许多后患才开始。

写出死者家人的痛苦，后死者的负担尚不止此。

情绪再升。

呜呼噫嘻！时耶_{客观因素}**？命耶**_{主观因素}**？从古如斯**_{这个样子}**，为之奈何？守在四夷。**

"从古如斯"，总有一批人又一批人这个样子死去，写一个战场即是写了所有的战场，写了以前发生过的所有战争，以后将要发生的所有战争，古战场因此有符号作用。

"守在四夷"，四方少数民族为天子守土。天子行王道，施仁政，少数民族同化，由强盗变成守卫。李华的儒家思想。

时代愈近，战争愈惨烈。武器杀伤力和战斗规模愈大，和平愈重要。

李华纯粹从人道主义出发，对战争所完成的国家目标无感，我死则国生，国旗是用鲜血染红的。否认战死者的忠勇精神和优秀质量，对死者及其家属只有怜悯没有尊敬。指出人才重要，但肯定李牧，抹杀卫青、霍去病，似有双重标准之嫌。

反战者说，宣战的理由，作战的宣言口号，都没什么意义，战争的本质如此，任何漂亮庄严的说法都是虚空。

手段和目的差距太大，手段与目的无关，手段消灭了目的。

远古，两个酋长决斗。后来封建社会国王把贵族子弟组织起来打仗，再后来征用民间人力，用平民去打仗，因此只好提高平民的地位，给他们一些权利，服兵役也是一种权利。这一趋势发展下来，最后出现民主。但是战争并未因此变成好东西，政治上的错误和失败，政客用战争来补救，战争以平民生命的大量浪费来替"他们"解决争端，平民大众对此一争端可能毫无责任。

但世界不会没有战争，国家应该主张和平，但必须能在别人发动的战争中求胜，"好战必亡，忘战必危"。

21. 杜牧：阿房宫赋

阿房宫是秦王朝的宫殿，规模极大，遗址在今西安西郊的阿房村一带，如今在西安西郊有一座模拟重建的秦阿房宫，为著名的观光景点。

宫殿壮丽，大独裁者有人性上的满足。对外邦四夷，以建筑显示国威，令百姓和异族慑服，有谋略上的效果。天下劳民伤财，权力威严触及万民神经，训练服从，有统治上的需要。但负面作用很严重。

赋，中国古典文学的文体之一。本来诗有诗法、文有文法，赋以诗法入文，注重文采节奏，多用排比对偶，笔势大开大阖。赋体产生了许多大家，我们最熟悉的有屈原、司马相如、贾谊、曹植、左思等。赋也随着文学的发展演进，出现了不同的面貌而有不同的名称。到了唐代，在诗文之间游走的赋体向"文"靠拢，称为"文赋"，《古文观止》所收的《阿房宫赋》《秋声赋》《赤壁赋》都属于这一类。

杜牧，今陕西西安人，颇有才华，诗文俱佳，宪宗的宰相杜佑之孙。为人不拘小节，放荡不羁，风流韵事极多。在朝受到排挤，应淮南节度使牛僧孺之聘，到扬州为节度使掌书记。

扬州是一个繁华的城市，商业繁荣，歌楼酒馆之盛也仅次于京城长安。由一些诗人的描述可见一斑："千家养女先教曲，十里栽花算种田。""腰缠十万贯，骑鹤上扬州。"杜牧心情抑郁，加上他本就不拘小节，经常在夜晚偷偷地出入于秦楼楚馆作为消遣，牛僧孺担心他出事，派人化装在暗中保护。

后来他作了一首诗，回忆自己在扬州所过的生活："落魄江湖载酒行，楚腰纤细掌中轻。十年一觉扬州梦，赢得青楼薄幸名。"回京后做到监察御史，生活方式不改。洛阳有一位名士宴客不敢请他，杜牧主动参加，入席后问"谁是紫云"，紫云是一个名伎。

杜牧长于七绝抒情，与杜甫合称"老杜小杜"，他生在杜甫之后,诗的格局也比较小。与李商隐齐名,合称"小李杜"。

六王战国时齐楚燕赵韩魏**毕**秦灭六国,**四海一**天下各处统一。**蜀**四川**山兀**光秃,**阿房出**。

古代认为中国四周环海,因而称四方为"四海"。四海之内一度七雄并立,后来六国俱已灭亡,秦统一天下。四川山上的树伐光了,都做了建造阿房宫的木材。四川木材代表远近各地的资源,也就是"倾全国之力"。

咏叹阿房宫的成毁,必须交代历史背景,秦兼并六国事件复杂,此处必须简洁明快,迅速楔入主题。杜牧完全做到,而且充满感性。

开头四句,每句都是三个字。我们读四个字的句子读惯了,忽然遇到一连串三字句,觉得气促,有挫折感,与我们对六国的同情相应。句末用入声字,如鸣咽吞声,与我们对历史兴亡造成的悲怆相应。杜牧叙事,同时营造节奏,赋重声韵,声韵可表情,表情即所以表意,杜牧批秦已在其中。

覆压三百余里,隔离天日。骊山北构而西折,直走咸阳秦国京都。**二川**泾渭二水**溶溶,流入宫墙。五步一楼,十步一阁。廊腰**走廊转角**缦回**曲线设计,**檐牙**檐端上翘**高啄。各抱地势,钩心斗角。盘盘焉**曲折,**囷囷**qūn圆形**焉,蜂房水涡**宫室之多,**矗**chù直立高耸的建筑群**不知乎几千万落**院落,或谓檐滴。

地球承载万物,阿房宫这样祸国殃民的东西,并非地球愿意承载,而是覆压到地球上来,强迫,不自然,秦朝霸道。"隔离天日"的贬义更明显,秦皇有法无天。

阿房宫除了主要建筑,应该还有附属建筑,像制作器具,修缮房屋,维持清洁,护卫安全,加上外围相当数量的驻军,这些人和他们的眷属需要房屋,恐怕都在规划之内,这些人住进来以后,又会有商人来为他们服务,就像美国的一所大学、一家公司可以形成一座城市。所以建筑顺着地形由骊山一路延长过来。

阿房宫内外连系到一座山、两条河,可见宫殿面积之大。在这么大的面积上,五步一楼、十步一阁,可见宫中建筑之多。

建筑物是静止的,杜牧把它写成动物世界,廊腰拟人,檐牙拟鸟,建筑群依地势高低,参差不齐,或檐牙伸向另一屋心,或屋角与屋角并列。建筑精巧,互相比赛。心与心争,角与角斗。暗示生存竞争,宫中非人间净土,也暗示秦建阿房为自己营造不安。

以"蜂房水涡"形容宫室之多。"水涡",雨点滴在湖面上形成的画面,大远景手法。宫室建筑多了,数不清有多少院子,也有人说数不清多少滴水的屋檐。院子怎么会高举呢?因为地势高,老百姓从低洼地区远看。诗没有标准解释,这是文体"诗化"的观象。

长桥卧波,未云何龙?复道行空高架道有彩漆,**不霁** jì 雨后晴 **何虹?高低冥迷**景物模糊,**不知西东。歌台暖响,春光融融。舞殿冷袖,风雨凄凄**长袖生风。**一日之内,一宫之间,而气候不齐。**

阿房咸阳之间河上有三座长桥,阿房往骊山有八十里高架道,空间辽阔,景物不似人间,使观者感到迷失。乐器吹奏久了会发热,所以说暖响,舞蹈长袖生风,降低室内温度，所以说"冷袖"。"一日之内，一宫之间，而气候不齐。"本是说宫人的生活处境冷暖不同，它放射的意义也间接烘托了阿房宫之大。

妃国王的妾**嫔**宫中女官**媵** yìng 陪嫁的女子**嫱** qiáng 宫中女官**，王子皇孙，辞楼下殿，辇来于秦。朝歌夜弦，为秦宫人。**

六国精华，都成了秦朝的战利品。杜牧选择了一件非常尖锐的事刺入失败者的神经，男人不能保有他的女人。这些男人也不能保全自己，他们伺候的新主子正是占有他们妻妾的人。杜牧在繁丽的文采遮盖下端出亡国的残酷。

史家说，秦破诸侯，把各国美人当作战利品，放进自己新建的宫中，但是与阿房宫无关，那时阿房宫尚未建造，而且直到秦亡，阿房也未建成。

杜牧把这件事写进《阿房宫赋》，叫作"拼贴法"，美文（文章以制造美感为目的）为了艺术效果可以拼贴，记实文则不可以。

辇，帝后王族坐的车，交通工具，此处的意思是运载。

这些本来坐辇的人现在被强秦运到阿房宫里来为征服者增添快乐,没有自己的人格。"辇"字如此用法,古人叫"炼字"。现在白话文作家有时候也对炼字下功夫。

明星荧荧_{光亮闪动},**开妆镜也;绿云扰扰**_{纷纷},**梳晓鬟**_{发型}**也。渭流涨腻,弃脂水也;烟斜雾横,焚椒兰**_{香料}**也;雷霆乍**_{忽然}**惊,宫车过也;辘辘远听,杳**_{很远、看不见}**不知其所之也。一肌一容,尽态**_{模样}**极妍**_美**;缦久立远视,而望幸**_{宠爱}**焉。有不得见者三十六年。**

运用六个"也"字,语气舒缓,安闲舒适。秦人没有忧患意识。

写阿房宫社会财富之集中,国家资源之浪费。五个比喻,夸大形容,布置幻境,引读者入内。成功。

终秦之世,阿房宫并未建成,遗迹荡然无存,杜牧作赋,全凭想象。据考古发掘,秦阿房宫原址应在汉长安西南,唐长安西北,渭水之南,杜牧所写的地理环境也不正确。但是此赋一出,我们脑中都有一座完成了的阿房宫。多少人都"知道"始皇在位三十六年,住在阿房宫里,有些宫女一直到始皇死亡也没见过这位大君的影子。文学是一种文字催眠术,能使人相信并未发生之事。

按,世事有已经发生的事情、将要发生的事情、正在发生的事情、可能发生的事情、未必发生的事情、永不发生的事情。为了艺术上的需要,作家要它发生,它就发生。

燕、赵之收藏,韩、魏之经营,齐、楚之精英,几世几年,剽 piāo 偷掠抢 **其人**民**,倚叠如山。一旦不能有,输来其间。鼎铛** chēng 锅 **玉石,金块珠砾** 小碎石**,弃掷逦迤** 乱丢乱放**。秦人视之,亦不甚惜。**

"燕、赵之收藏,韩、魏之经营,齐、楚之精英",意思就是燕、赵、韩、魏、齐、楚之收藏、经营、精英,赋体构造偶句,如此分列并举。

秦皇看鼎不过一只锅,看玉不过一块石头,看黄金如几块黄土,看珍珠不过一堆碎石,不惜物,不惜福,当然不能爱民。

秦之财富,来自六国;六国之财富,来自各国民间。

六国无道，对人民巧取豪夺，贪得无厌，先亡。秦亦无道，不顾人民生死，只填自己欲壑，后亡。伏下后文"秦人不暇自哀，而后人哀之；后人哀之，而不鉴之，亦使后人而复哀后人也"。

嗟乎！一人之心，千万人之心也。秦爱纷奢，人亦念其家。奈何取之尽锱铢极小的重量单位**，用之如泥沙！**

描述作小结，插入感叹，骈句暂歇，使用散句，如此这般形成顿挫，这是文章的变化。

人同此心，奈何执政掌权的人不能将人心比自心。孟子见齐宣王论政，宣王很坦白地说："寡人好色"。孟子说没关系，老百姓也都男大当婚、女大当嫁。王说"寡人好货"，喜欢财物，孟子说没关系，老百姓也都想丰衣足食。国王把自己好色、好货之心推而广之，就可以治国了。

这几句感叹也引出下文，如同下一段的导言。

使负栋之柱，多于南亩之农夫；架梁之椽，多

于机上之工女;钉头磷磷明显**,多于在庾**仓**之粟粒;瓦缝参差** cēn cī 不齐**,多于周身之帛缕;直栏横槛** jiàn 栏杆**,多于九土**九州**之城郭;管弦呕哑**声音杂乱**,多于市人之言语。**

宫殿里的木柱比田里的农夫多,屋顶的椽子比织布的女工多,宫室木材上的铆钉比仓库里的米粒多,宫室屋顶上的瓦缝比衣服上的针线多,宫室的栏杆比全国的城墙多,乐器的奏鸣比人群的嘈杂还多。

这是修辞的夸饰法。句型对比,赋体的特色。杜牧说,秦国的消耗远超过生产力,而且这样的支出没有回报,只能造成自身的腐败和百姓的怨恨。这一段话是凭感觉,不是凭调查统计,它是示现,不是论断。它是文学语言,而非科学语言。

使天下之人,不敢言而敢怒。独夫之心,日益骄固。

独夫,孟子称殷纣王为"一夫纣",意思是说,君王代表国家，所以人民尊敬；统帅代表将士，所以部下服从；纣王无道，脱离了人民，脱离了国家，脱离了部下，他完全丧失代表性，只是一个孤独的匹夫。

中国有所谓"统御术"，做一两件不该做的事测试人心，做对了，有人拥护服从不算什么；做错了，有人拥护服从，你才真有威望、真有死党。赵高"指鹿为马"，大家顺着他，也说鹿是马。独夫坏事做得越多，自信心越强。

<u>戍</u>守边境<u>卒</u>兵丁<u>叫，函谷</u>关<u>举</u>攻破，得手。<u>楚人</u>亡秦必楚<u>一炬</u>火，<u>可怜焦土</u>。

秦灭六国后，楚国的后人说："楚虽三户，亡秦必楚。"楚国面积最大，人口最多，楚怀王受秦欺骗，最令人同情，所以楚人立下这样的誓言。始皇死后，楚人陈胜、吴广首先揭竿起义，楚人项家军立怀王后裔号召天下，刘邦也与项家军合流。陈胜、吴广那一帮人本来是要编入军队驻守北方边境的，所以说"戍卒叫"。

阿房宫是项羽放火烧掉的，项羽是从函谷关进入关中的。阿房宫"大火三月不熄"。大概项羽把阿房宫"迤逦三百里"的建筑带烧成一条灰烬线,有些东西没有充分燃烧,埋在灰里,风吹过,不断有死灰复燃。

全文结束前的这四句,跟全文开头的四句,同样精彩惊人。节奏骤变,短句,急促。押上声,亢奋,情绪高昂。一叫,一举,一炬,起于微,亡得快。内部脆弱一如外表坚硬。一炬,焦土,不再仔细描述,八个字将前面的奢华专制一笔勾销,一幅画忽然变成一张白纸,一场春梦忽然醒来。

四个短句写尽王朝兴起,四个短句写尽王朝覆灭,中间铺陈浮华。用古人的说法,这篇赋的布局也是"凤头、猪腹、豹尾"。"凤头",文章开始要简单明快,插入要害。"猪腹",文章中间要扩张发展,精华尽在此处。"豹尾",文章结束要短而有力。这种布局,白话文学的作家仍在使用(当然,这并非唯一的方式)。

呜呼!灭六国者,六国也,非秦也;族<u>灭族</u>秦者,秦也,非天下也。

杜牧在前面叙事写景中已经包藏了议论,现在文章快要结束,再把议论释放出来,读者也正在等待。他用散文的句子层层递进,放弃精简,关键词也反复出现,使情感奔放,议论透彻。

"族秦",灭秦之族,即灭秦国。古代灭人之国者往往屠杀对方王室的成员,连家庙宗祠也拆掉。

杜牧此赋,到"可怜焦土"已经算是结束了,但文豪以激荡性灵之笔,鼓动、蓄积了读者满腔激情,应该予以疏解挥发,所以下面有议论。

嗟夫叹词!**使**如果**六国各爱其人**民**,则足以拒秦;秦复爱六国之人,则递传**到**三世可至万世而为君,谁得**能****而族灭**灭亡他**也**。

秦始皇当初的设计,皇位一代一代传下去,每个皇帝不设个别的称号,用数字排列,由二世至万世,"万世一系"。

"族灭",全族被人灭绝。灭族,有人杀灭他的全族。都是灭亡的意思,古代王朝是同宗同姓掌权,灭亡由全族承担。

换个角度,再用层递法申述一遍。据说杜牧作赋时心中以当朝皇帝敬宗为对象，劝他节用爱民，不要大兴土木。政权的基础在民，没错，只要爱民就可以万世为君，未免把问题看得太简单了。不过，对皇帝讲话也必须简单扼要。

秦人不暇来不及**自哀，而后人哀之；后人哀之，而不鉴**照镜子**之，亦使后人而复哀后人也。**

最后这两段话可说是替读者"书后"，慢慢抒散了读者的感情，文章也出现美好的回波荡漾。

六国无道在先，灭亡在先，秦无道在后，灭亡在后。秦之后可以推论而知。

唐太宗说："以铜为鉴，可正衣冠；以人为鉴，可明得失；以史为鉴，可知兴替。"中国人常常引用。但英史家汤恩比说，历史留给后人的教训是，世人不接受历史教训。

此赋结尾四句是传世的名句，和王羲之"后之视今，犹今之视昔"相比，多了四个"哀"字，一个"也"字，放慢节奏，拖长腔调，如闻哀音。今人作文引用，如文章要言不烦，则引王羲之，如文章回环往复，一唱三叹，则引杜牧。

白话有云：昨天我看人，今天人看我。婆婆看媳妇下轿，媳妇看婆婆下坑。意思相近，可视为王羲之、杜牧名句之脱胎。今人作文，如庄严雅正，引古文；通俗活泼，自己脱胎。

22. 韩愈：送孟东野序

孟东野，即诗人孟郊，字东野，我们都熟知他的"慈母手中线，游子身上衣"。他是今浙江德清人，孟浩然的孙子。现在德清县在杭州之北，离名胜莫干山很近。

孟郊早年生活贫困，曾周游湖北、湖南、广西等地，没有找到机会，他形容自己的生活是"影孤别离月，衣破道路风"。屡次参加考试，四十六岁才考取进士，登科后有诗："昔日龌龊不足夸，今朝放荡思无涯。春风得意马蹄疾，一日看尽长安花。"成语"走马观花"由此而来。

孟郊作诗，很用心思，过程艰苦，他的题材也多半写人间的困苦，当时的人说他是"苦吟"，以"枯林朔吹，阴崖冻雪"形容他的风格。当时苦吟的诗人还有贾岛，"两句三年得，一吟双泪流"。还有李贺，他的母亲说他作诗的时候简直要呕出心肝。

序，文体之一，在这里指临别赠言的文章。韩愈和孟郊有交情，曾经说自己愿意化作云，孟郊化作龙，他的意思是云生从龙，给孟郊创造客观条件。孟郊一直很穷困，韩愈常常帮助他，后来韩愈官做得大，钱赚得多，两人的交情并没有改变。孟郊虽然中了进士，但不会做官，也不会理财，身后没有钱办理丧事，韩愈和几个朋友一同捐款料理。

大凡物不得其平则鸣。

先下论断，后说理由，判决书式的写法。

论断和叙述有别，论断是抽象的，叙述是具体的。"物不得其平则鸣"立一个共同的原理，抽象。"草木之无声，风挠之鸣"，叙述个别事件，具体。一个抽象可以包含很多很多具体。论断所立者为是非，叙述所现者为真假。论断不能变真为假，可以变非为是，变是为非。

成语"不平则鸣"，由韩愈的这句话简化而来。有人批评韩愈的文章,质问"飞蝶无语,其亦为平乎"?韩愈原句有"大凡",表示有例外。飞蝶的翅膀震动空气,有声音,只是我们的耳朵听不见而已。

"天下的官吏都贪污",这是全称否定;"天下的官吏都廉洁",这是全称肯定。我们写文章要谨慎使用,因为世事复杂,我们不能全知。

以下以证据支持论断。证据对议论文很重要,描写和比喻只是辅助。证据要多,只有一个证据叫"孤证",通常不能成立。

草木之无声,风挠 náo 搅动,搔抓 **之鸣;水之无声,风荡** 摇动 **之鸣。其跃** 向上 **也,或激** 阻挡 **之;其趋** 向下 **也,或梗** 阻塞 **之;其沸** fèi 翻滚 **也,或炙** 烧煮 **之。**

草木和水都是"物",挠、荡、激、梗,都使它不平,于是草木和水都发出声音。

金石之无声,或击之鸣。

以上可视为第一组证据,物理的不平,物体振动发声。

人之于言也亦然。有不得已者而后言,其歌也有思,其哭也有怀感伤。**凡出乎口而为声者,其皆有弗**不**平者乎?**

歌、哭两种动作代表人言,如同以悲喜两种脸谱代表戏剧。思,思想;怀,情感,人言的内容。"不得已"即不平,打破了内心的宁静,用"歌、哭"等声音表达"思怀"等内容。

这一段话的理路:事理不平→心动→言为心声。加强他的论点:物不得其平则鸣。落实到写作,说出来的是口头语言,写出来的是书面语言,愤怒出诗人,文学大抵皆是忧愤之作。韩愈用问句,好像和读者商量,很好。

这是第二组证据,心理的不平,情感激动,发言或作诗文。

乐也者,郁酝酿**于中而泄**表现**于外者也,择其善鸣者而假**借助**之鸣:金、石、丝、竹、匏** páo**、土、革、木八者,物之善鸣者也。**

"声音不是音乐,声音里面的感情才是音乐。"这感情是人的感情，不是金、石、丝、竹、的感情。不用语言文字直接说，假借别的工具，由起心动念到表达于外，中间有乐器帮忙。韩愈称乐器为善鸣者。

乐器分八类，称为八音，金、石、丝、竹、匏、土、革、木，八种材质制成乐器。如钟属金，磬属石，琴、瑟属丝，箫、笛属竹，笙属匏（一种葫芦，晒干之后从中剖开，可做盛水的容器），笙以匏为座。埙（xūn），陶制，吹孔在顶端，双手捧着吹奏，属土。柷（zhù），一种木制的打击乐器，属木。敔（yǔ），敲击乐器，以木制成。鼓用兽皮制造，属革。八类乐器各有特性，音质音色音量都有考究，所以"善鸣"。

这是第三组证据，心理通过物理来表现。音乐家表达内心不平借助乐器，而乐器之"鸣"也要经过"不平"，就是演奏。心理物理合一，胡琴苍凉，江湖夜雨十年灯。唢呐喜庆热闹。军号、冲锋号紧张，熄灯号安静。

唯天之于时季节**也亦然，择其善鸣者而假之鸣：是故以鸟鸣春，以雷鸣夏，以虫鸣秋，以风鸣冬。四时之相推敚**duó 夺**，其必有不得其平者乎？**

由音乐说到"天",天何言哉,也是找工具替他发声。天道难知,用推测的语气。由"不得其平则鸣"推测"鸣则知其不平",前者为正定理,后者为逆定理。有烟的地方必有火,正定理;有火的地方必有烟,逆定理。

有时候正定理可以成立,逆定理未必能成立。"有恒者成功",但成功者未必都有恒,掠夺、侵占、投机和奇遇可以速成。"一男一女结为夫妇",但夫妇未必一男一女,现在有同性恋婚姻。韩愈说过一句"角者吾知其为牛",有人挑他的毛病,牛有角,但有角的并非都是牛。

第四组证据,大自然的不平。

以下专指文学创作为作家不平之鸣,本文最重要的部分。

其于人也亦然。人声之精者为言,文辞之于言,又其精也,尤择其善鸣者,而假之鸣。

叫、号、吼、啸,兽也能发出同样的声音来。"我爱你",只有人能说出来,这是人声的精华。"君住长江头,妾住长江尾,日日思君不见君,共饮长江水",这又是人言的精华，只有作家说得出来，所以作家是"善鸣者"。天常常假借作家代鸣。

人人能言，只有文人能文。人声、人言、文辞，三个等级。有学问的人说，诗人可以提高一个民族的语言水平。作家要从人声的阶段进升到人言，由人言的阶段进升到文辞，韩愈的意见值得注意。

人群是沉默的大多数，有待作家做代言人。作家除了鸣个人之不平，更要为时代或群体鸣普遍之不平。下面再以大量证据支持论断。

其在唐、虞，咎陶 gāo yáo、禹，其善鸣者也，而假以鸣。

"唐虞"，尧舜的时代。咎陶就是皋陶，据说是虞舜的司法大臣。

夔 kuí 弗能以文辞鸣，又自假于《韶》以鸣。

夔，尧舜时主管音乐，创作"韶乐"，《论语》说孔子在齐闻《韶》,三月不知肉味。

这一小段谈到音乐,如果当初并入前面谈音乐的部分是否好些?我们替他找理由,前面谈音乐锁定演奏,此处举作曲,有别。而且这一部分由历史先后举证,不能撇开尧舜,尧舜时除音乐外,没有更好的材料。

以下论证回到文章著述,广义的文学。

夏之时,五子以歌鸣。伊尹鸣殷,周公鸣周。凡载于《诗》《书》六艺,皆鸣之善者也。

夏朝的第三任帝王太康,喜欢打猎,荒废政事,他的五个弟弟作歌讽劝。伊尹,商汤的开国功臣;周公,周武王开国的功臣。传说两人都有重要著作。六艺,礼、乐、射、御、书、数。"六经"是"六艺"的教本,"六经"亦称"六艺"。

周之衰,孔子之徒鸣之,其声大而远。《传》_{古书}**曰:"天将以夫子为木铎。"其弗信矣乎!**

"孔子之徒",孔子和他的弟子,孔子那一帮人。"木铎",

金口木舌的铃,用以集合百姓宣扬教化。《论语》说孔夫子是活生生的木铎。"其弗信矣乎",难道还有人不相信吗?文言特殊句法。

其末也后来**,庄周以其荒唐之辞鸣。楚,大国也,其亡也,以屈原鸣。臧孙辰、孟轲、荀卿,以道鸣者也。**杨朱、墨翟dí、管夷吾、晏婴、老聃dān、申不害、韩非、眘shèn到、田骈、邹衍、尸佼、孙武、张仪、苏秦之属,皆以其术鸣。

庄周,庄子;屈原,楚国名臣、《离骚》的作者;臧孙辰即臧文仲,春秋鲁人;孟轲,孟子;荀卿,荀子;杨朱,杨子,主张为我,拔一毛利天下不为;墨翟,墨子,主张兼爱,摩顶放踵利天下为之;管夷吾,管仲,辅佐齐桓公,尊周攘夷;晏婴,晏子,春秋齐相;老聃,老子,道家鼻祖;申不害,法家,相韩而韩强;韩非,法家集大成者,秦行法家而强;眘到,战国时赵国人,法家,著有《慎子》四十二篇;田骈,战国齐人,口才极好,号称口大如天;邹衍,战国时齐人,长于思辨,阴阳家;尸佼,战国人，参与商鞅的变法计划；孙武，孙子，著《孙子兵法》；张仪，主张连横；苏秦，主张合纵。

韩愈对《六经》孔子以后的著作进行检阅批判。他认为庄子漫无边际，荒诞不经，想象丰富。屈原为楚国的灭亡也作不平鸣。然后他提出"以道鸣"和"以术鸣"两个层次，臧文仲、孟轲、荀卿，"以道鸣"。杨朱、墨翟、管仲、晏婴、老子、申不害、韩非、眘到、田骈、邹衍、尸佼、孙武、张仪、苏秦，都是"以其术鸣"。道是大经大法，术是策略计谋，他把老子贬为"术"。这些人都有著作、声音、影响。

韩文公学问太大，这一段如小型的文学史观，下笔不能自休，材料拥挤，如背人物表，不能学。

秦之兴，李斯鸣之。汉之时，司马迁、相如、扬雄，最其善鸣者也。其下魏、晋氏，鸣者不及于古，然亦未尝绝也。

李斯，秦相，文学家。司马迁、司马相如，文章西汉两司马。扬雄，文学家、思想家。到了魏晋，盛行骈俪，韩愈认为是文学发展的退化。"然亦未尝绝也",应该是说古文的统绪未断,由他一脉相承,发扬光大。

以下进一步指出,鸣之善与不善并非只是技术问题,包括内容,因为"文以载道",技术是为内容服务的,古文运动的核心主张。

就即使**其善者,其声清**音质美**以浮**情感夸张**,其节数** shuò 节奏短促频繁**以急,其辞**言辞**淫**放荡无节制**以哀,其志弛**松弛颓废**以肆**无礼法约束**。其为言也,乱杂而无章**非精品**。将天丑**憎恶**其德**德行**莫之顾**管**耶?何为乎不鸣其善鸣者也?**

这一段话评述"魏晋以下"主流文学的"不善"。"就其善者",即使他们中间最好的作品,也是如何如何。既然判决他们整体为"不善",对"善"字定了价值标准,他们的作品都不符合此一标准,不能又有"善者"。在这等地方,"善"字不应有歧义。

韩愈从声韵、文辞、主题和章法结构四方面下评语,老辣准狠。他前面说,作家之鸣是"天假以鸣",是上天使用作家代言，上天为何冷落了"鸣其善者"的作家，选择了"鸣其不善"的作家呢？请注意，韩愈说善鸣者、不善鸣者，"善"字偏重技术，他说鸣其善、鸣其不善的时候，"善"字就偏重内容了。如果今天的白话文作家这样用心，就得在前面把"善"字的定义说清楚才好。

梳理一下："善"和"鸣"的关系，有善鸣者鸣善，善鸣者鸣不善，不善鸣者鸣善，不善鸣者鸣不善。韩愈的理想是善鸣者鸣善，现实状况是不善鸣者鸣不善，上天故意让不善鸣者出丑。

以下再缩小范围，由唐朝及于孟东野。

唐之有天下，陈子昂、苏源明、元结、李白、杜甫、李观，皆以其所能鸣。

陈子昂，诗人。苏源明、元结，玄宗时期文学家。李白、杜甫，诗人。李观，与韩同代的诗人，早死，皆以其所能鸣。没有提到柳宗元。

在以道鸣、以术鸣之外，加了一项"以能鸣"，道、术、能，一字褒贬。

其存而在下者，孟郊东野始以其诗鸣。其高出魏晋，不懈而及于古，其他浸淫逐渐渗透，接近**乎汉氏**汉代诗歌**矣。从吾游者，李翱** áo **张籍其尤**特别好**也**。

韩愈说他和孟东野的因缘，所以写这篇序。他对孟诗评价很高，他的标准是"及于古"。张籍，诗人；李翱，散文家，都是韩愈的追随者。李翱有禅诗赠送药山惟俨禅师："炼得身形似鹤形，千株松下两函经。我来相问无余说，云在青天水在瓶。"

三子者之鸣，信诚然**善**很好**矣！抑** yì 但**不知天将和** hè **其声而使鸣国家之盛耶？抑**或者**将穷饿其身，思愁其心肠，而使自鸣其不幸耶？**

在这里，又把善鸣者分成两种，一种是生活在国家的盛世里，壮大国家的声威，反映国人的自信；一种是生活在穷困潦倒里，排遣自己的愁肠。在这里，韩愈认为诗人饱受打击损害，有动乎中而形之于外，合乎不平则鸣的原理，诗人见郁郁文治、赫赫武功，皇恩天威如雷霆雨露，也会有动于中而形之于外，也合乎不平则鸣的原理，这是他对"不平"的扩大解释。

不论哪一种鸣，韩愈都认为是天意，是天假之鸣。在这里，韩愈并未规定只有教忠教孝、讲仁讲义才是善鸣。

读到这里，梳理一下，韩愈的"鸣"，有自鸣和代鸣（假之鸣），代鸣又分"人假之鸣"和"天假之鸣"，天假之鸣又有鸣其善、鸣其不善，"鸣其善"又分鸣国家之盛和鸣自身之不幸。顺着这条理路，可以找到孟东野的位置，他是天假之鸣、鸣其善、鸣自身之不幸。韩愈认为这是上天安排，以此理论安慰仕途坎坷的孟郊。

论"鸣"的内容，本文似乎可以分成有意义的鸣和没有意义（或不知其意义）的鸣。风声、水声、雷声，我们不知道它的意义；文字著述，我们知道它的意义，古圣先贤，诸子百家，大略区分为以道鸣，以术鸣，以能鸣。韩愈才大气豪，笔下条理乱了一些。

三子者之命，则悬高挂**乎天矣。其在上也，奚**何**以喜？其在下也，奚**何**以悲？**

人心动而后鸣,天要借人鸣,先动其心。有两途,在上,鸣国家之盛,在下,鸣自身不幸。国家之盛或自身不幸,皆出于天。语言文字是文学的工具,文学是作家的工具,作家又是天的工具,这是十足的工具论。

既然是工具,能被上天使用就很好,无所谓悲喜。好比一件乐器,音乐家用它奏活泼热闹的曲子,它不必喜,用它奏凄凉哀怨的曲子,它不必悲。是这样吗?这是韩公的意思吗?五十多岁的孟东野,生活穷困,好不容易才弄到县衙门里的一个小吏,能从这个理论得到安慰吗?

有学问的人说,韩公认为作家要通达,不计得失,"诗穷而后工",失之于政坛者得之于骚坛,失之于一时者得之于千古。但是从这篇文章中找不到这个主张。

东野之役于江南也,有若不释然者,故吾道其命于天者以解之。

朝廷派孟郊到江苏溧阳就任县尉,韩愈托他就近带信给十二郎,《祭十二郎文》中提到。县尉的地位大概类似副县长,孟郊难免失望,所以韩愈送序安慰他。

今人写议论文，多少都受过逻辑训练。如果这个题材由白话文作家来处理，他会把"大凡物不得其平则鸣"当作演绎法的大前提，演绎法是先树立原理通则，再列举个别事件，这些个别事件叫作小前提。个别事件符合原理通则，原理通则也能完全包纳这些个别事件，个别事件证明原理正确，原理也证明个别事件真实。逻辑课本上有个例子："凡人皆有死"，这是大前提，孔子、成吉思汗、希特勒、爱因斯坦都是人，所以，孔子、成吉思汗、希特勒、爱因斯坦都死了。

如果"物不得其平则鸣"是大前提，"草木之无声，风挠之鸣。水之无声，风荡之鸣。金石之无声，或击之鸣。人有不得已而后言"，都是小前提。孟郊、张籍、李翱都有不平，所以孟郊、张籍、李翱都善鸣，他们的"鸣"都有正当性。

文章写到一半，韩文公又抛出一个议题："天假之鸣"，为此列出一张超过三十九个人的名单，结构有失均衡。文公是大文豪，当然不管你写作教科书上的事，雄辩滔滔，辞充气沛。他还是有逻辑观念的，为了照顾到"物不得其平则鸣"，他说天要谁替他鸣，就在谁心中制造不平。为了使逻辑周延，他认为"春风得意马蹄疾"和"艰难苦恨繁霜鬓"都是不平。可是，彼此同是"天假之鸣"，上天为何要刻意优待某人而尽情虐待另一人呢？文公似乎不能答复，所以孟郊还是去找菩萨佛陀。

我们今天读《古文观止》，这一部分已不重要，如何把主题说透、说满，如何说得有气势、有变化，文公仍是我们的"上师"。议论文重证据，证据都是"已成之事"，而已成之事都在书本里，因此读书很重要，"腹有诗书气自华"，文公典型俱在。

23. 王安石：泰州海陵县主簿许君墓志铭

泰州在江苏省中部长江南岸，出过很多名人，《水浒传》作者施耐庵，"扬州八怪"之一的郑板桥，佛教界的东初老人，都是我们熟悉的。梅兰芳和高行健的祖籍也在泰州。

主簿，县政府小吏，担任书记工作。这样的人物能劳动王安石为他树碑立传，是因为两家有些因缘，文章中有交代。

墓志铭，记述死者姓名、籍贯，表扬其生平事迹的文字，用两块石头制作，一块放在墓前，叫碑；一块埋在土中、叫志。墓志铭照例要求文豪大家撰写，这笔稿费曾是韩愈的重要收入。墓志铭隐恶扬善，浮华失实，常受文学家轻视，但经过久远的年代，有些墓志历劫出土，留下一些好书法,别有价值。有个人养鹤,他的鹤死了,留下一块"瘗鹤铭",文章普通,书法非常重要。

铭,古代的一种文章体裁,本来是短小的警句格言,刻在日常使用的器具上,有励志、警戒等作用。鼎有鼎铭,盘有盘铭,像"苟日新,日日新,又日新",就是汤王的盘铭。后来把记载优良事迹的文字刻在石头上,像某些记功碑,也叫铭。

王安石,北宋的大政治家、大文学家,今江西临川人。他得到仁宗的信任,推行变法,这是中国历史上的一件大事,也是他平生最著名的一件事。他在变法运动中和司马光、苏东坡等人的"文斗",也很精彩。

王安石的个性很强,有人称他"拗相公",意思是他这个人很别扭,很难"乔"定。他总是有个人独特的见解,不与众人妥协,主持变法的时候,他抵抗一切压力,声言"天变不足畏,祖宗不足法,人言不足恤"。这样的性格表现在文学作品上,就是批评家说的"议论高奇。"

举例:项羽垓下之败,全军覆没,逃到江边,过江就是他的老根据地江东,他在江边自杀了。后世许多人觉得惋惜,认为他应该过江去重新出发,与刘邦再争天下,可是王安石在他的诗里问：项羽在江东还有政治本钱吗？偶像毁灭，江东子弟还肯响应他、追随他吗？

再看昭君和番，王昭君绝代美人，受毛延寿陷害，离开汉家宫殿嫁到匈奴的帐篷里去，大家都很心疼，都觉得她受的委屈太大。王安石在他的诗里说，昭君在汉宫里也没有什么出头之日，即使皇上有一天宠爱她，荣华富贵也很短暂，不知哪一天打入冷宫，"人生失意无南北"。她嫁到胡地，胡人待她很好，"汉恩自浅胡自深"，比她在汉宫的日子好过。

君指死者**讳**名字**平，字秉之，姓许氏。余尝谱**编家谱**其世家**家族史**，所谓今之泰州海陵县主簿者也。**

墓志的格式，照例先写死者的姓名、籍贯。使后人一望而知这里埋葬的是谁。中国传统"死者为大"，写墓志的人尊敬对方，尊称他是"君"，不直接把他的名字写出来，名字前面先加一个"讳"字，"讳"的意思是不可说，用在这里表示我本来不该说，现在我不得不"犯讳"。"君讳平"，变成大白话：他的名字叫平。坟墓里这位许平先生，就是他们家谱里的泰州海陵县主簿。

谱,本是名词,家谱。在这里作动词用,排列他的祖先门第、家族成员,编写家谱。看来这位许主簿的家庭跟王安石有交情。

君许主簿**既与兄元**哥哥的名字**相友爱,称天下;而自少卓荦不羁**拘束**,善辩说,与其兄俱以智略**智慧计谋**为当世大人**大人物**所器**重。

称天下,见称于天下,天下人都称赞他们手足相亲相爱。

不羁,有才干有作为的人,日常的生活态度很放得开,不会被世俗琐碎的规矩套住,但是一定坚守大原则。

墓志铭称述死者的优点,友爱是德行,善辩说、有智略是才能。世人往往有德无才或有才无德,这哥儿俩才德兼备。

哪种值得写?可风(教化)、可传(历史真相)、可泣(大悲剧)、可歌(异常)。界限不是很严格,看写作的人怎样处理。

大人物的工作，长期注意什么地方有人才，就像捉蟹的人每天观察池塘，看水面上有没有蟹吐出的泡沫。某些大人物对许家兄弟的才干早有印象。

宝元宋仁宗年号**时，朝廷开方略**考试科目**之选，以招天下异能之士；而陕西大帅范文正公**范仲淹**、郑文肃公**郑戬**，争以君所为**立身行事**书**上书朝廷**以荐。于是得召试，为太庙**皇帝家庙**斋郎**官名，管祭祀**，已而**不久**选泰州海陵县主簿。**

朝廷开方略之选，在正常的例行的科举之外，举行特考，寻求有某种专长的人才。朝廷命令各地大员推荐，再从其中考选。郑戬、范仲淹当时都在陕西掌权，他们向朝廷推荐这位许君。许君入京应考录取，派在皇帝的祖庙中管祭祀之事，不久外放泰州海陵县主簿，做县太爷的助理。

贵人多荐君有大才，可试以事，不宜弃之州县；君亦常慨然不推辞**自许**期许**，欲有作为；然终**结果**不得一用其智能以卒**逝世**。噫！其可哀也已！**

其可哀也已，（这件事）真叫人难过啊！也已，感叹的语气。

简要概括死者生平，抓住要点。

王安石在这篇文章里应该对下层人物表示敬意，现在"下层"一词已经淘汰，改用基层。小人物办小事，但"魔鬼藏在细节里"，想想看，造桥的时候，铆钉没有到位；打针的时候，药瓶上贴错了标签，会发生什么结果？"泰坦尼克号"沉没的时候，发出求救的信号，附近有一条船，但没有赶来救援，因为那条船上的报务员睡着了，结果"泰坦尼克号"淹死一千五百多人。

王安石变法为什么失败？他只能办大事，没人替他办小事。有学问的人说，王安石推行新政，有些办法很好，可是政令出了朝廷，到了地方，执行细节的人借机会扰民自肥，新法就成了公害。每一件大事都化为百千件小事，每一件小事都靠健全的小人物把它做好，把每一件小事做好，那件大事才是好事。

有些小人物一生做一件小事，但一直尽忠职守，不犯错误，这种人非常重要。日本的电影公司为火车站上搬铁轨的工人拍过一部片子，那时这件事用手工来做，一个人一辈子按照火车时间表行事,火车进站或出站要经过一片复杂的轨道,搬轨工人及时替它铺排正确的路线,火车才可以不出轨、不互撞。这部片子拍出搬轨工人一生的辛酸,但是靠辛酸的铺垫,拍出他可敬的形象。

有学问的人指出,社会上有许多人才能比职位高(怀才不遇?),还有一些人职位比才能高(滥竽充数?),工作绩效都是屈居下位的人做出来,如果他一直升,有一天"升到他不能胜任的位子为止",这人就没有用了。

郑板桥说他出书从来不求王公大人、湖海名士作序。有没有人告诉子孙不可求高官作墓志铭?从前孝子贤孙以重金求得的墓志铭常常不能用,位高者俯视死者,立意措辞不足以给死者增光。

<u>士</u>读书人<u>固有离世异俗,独行其意,骂讥笑侮,困辱而不悔;彼皆无众人之求,而有所待于后世者也,其龃龉</u>上牙下牙不能咬合<u>固宜</u>。

有一种读书人,他脱离现实,违反公众认同的准则,自己想怎样做就怎样做,纵然遭受社会的打击也不改变,他不求体制内发展,他修来世不修今生,这种人没有谁愿意跟他合作,那是当然。

英敛之说过:"十年以后当思我,举国犹狂欲语谁。"

以上是第一种人。

若夫像那些**智谋功名之士,窥时俯仰,以赴势物之会,而辄**常**不遇者,乃亦不可胜数。**

势物,形势和外面的事物。或作"势利",权势利禄。

有些聪明人,一心要在功名利禄方面求发展,看准时机,调整身段,投入形势之中,八方风雨会合,还是常常没有贵人提拔他,这样的人也数不清。

"冯唐易老,李广难封。"冯唐,西汉人,有才干,未得重用。后来汉武帝听说冯唐很好,想起用他,这时冯唐已九十多岁,不能做官了。

李广,西汉名将,一生和匈奴作战,打过许多胜仗,始终未能封侯,算命的说他命不好。

汉武帝看见他的侍卫中间有一个人头发胡子都白了,这人在汉文帝的时候就做侍卫,经过景帝到武帝,还是一个侍卫。武帝问:"这么多年了,你怎么没有更好的机会呢?"这人回答:"文帝重用文人,我是个学武的;景帝喜欢老成的人,我还年轻;陛下提拔年轻人,可是我已经老了。"

以上是第二种人。

辩口才**足以移**改变**万物,而穷**不足**于用说** shuì 说服别人**之时;谋**计策**足以夺三军**夺指挥权**,而辱于右武**尚武**之国,此又何说**怎么说**哉?**

论语:"三军可夺帅也。"一万两千五百人为一军天子六军,诸侯三军。三军也指旧时的左、中、右三军。帅,三军的指挥权。为经营偶句,用"夺三军"和"移万物"对仗,形容有才干。

右武,古时以右为上,成语"无出其右"。中文书写一向自右而左,排列名次时,高位先写,名单由右向左排列,右边的人比左边的人高。

口才号称可以"颠倒众生,旋转乾坤",可是到了需要改变别人的意见的时候,就不够用了。智谋足以让人把大军的指挥权交给他，可是到了"军事第一"的国家，碰了人家一个硬钉子。这样的人有这样的遭遇，又怎么解释呢！

这是第三种人。

嗟呼！彼有所待而不悔者，其知之矣！

以上两种人，第一种人好比反对赌博，不肯进赌场，他当然不会赢钱，也从来不想做赌博的赢家，他不后悔。第二种人好比愿意赌一把，有本钱，也懂得怎样赌，可是有些人也始终没赢。

有人坚守原则，争千秋；有人放弃原则，争一时。争千秋者无所得，保全了人格，损失小；争一时者无所得，损失就大了，偷鸡不成蚀把米？孔子说："富可求乎？虽执鞭之士，吾亦为之；如不可求，从吾所好。"他的重点似在"如不可求"。

王安石究竟给许主簿怎样定位，并没说清楚。他说的三种人好比三件衣服，哪一件穿在许平身上比较合身？

如果许平是第一种人，他有哪些"离世异俗,独行其意"

的行为？有哪些"骂讥笑侮，困辱而不悔"的遭遇？他"有所待于后世"之人的是什么？墓志铭怎么没写出来？看来看去总不像，第一件衣服只是陪衬。

我们替他选第二件吧，墓志说，他"善辩说，有智略"，他受大人物器重，也慨然自许，他也得到范文正公推荐，搭上"开方略之选"那班车，多多少少像是"智谋功名之士，赴势物之会，而辄不遇"。

怎么又会有第三件呢？这件衣服太大，没法套在许平头上。他那点修为，无论如何不能算是"辩足以移万物，谋足以夺三军"。这段话所说为何？如此精简的古文，应该没有多余的话，看来看去，这件衣服也许是王安石自己量身定做的吧，他才称得上是一个"移万物、夺三军"的人杰，却在变法时完全失败，也许他放大了许平，影射自己，"借他人酒杯，浇自己块垒"。

《瘗旅文》有王守仁之自伤，《卖柑者言》有刘基之自负，《快哉亭记》主人即《快哉亭记》作者苏辙之化身。这篇墓志铭如果也能这样读，那就结构完整，言之有物，如果不能这样读，以下的话就难说了。

君年五十九,以嘉祐_{宋仁宗年号}**某年某月某甲子,葬真州之扬子县甘露乡某所之原。**

死者的年龄,安葬的日期,都要写在墓志里。墓志铭都是事先写好,安葬日期空着,使用的时候临时填写。古人以天干地支的组合记录年月,总称"甲子",天干第一个字是甲,地支的第一个字是子。

真州在今江苏仪征市。原,平坦的高地,指墓地。九原,山名,春秋时晋国卿大夫的墓地在九原,引申为墓地。

人死后居住的地方也叫黄泉,古代认为天地玄黄,而泉在地下,所以称为"黄泉"。一说为我国以黄河流域为中心,泉水因黄土而变黄,故称为"黄泉"。

九原也叫九泉,指地下最深处。有人说"泉、原"二字篆文形似,古人传抄错误。

写到死者的年龄,一般用"享寿"多少年。如果岁数很大,一般用"积闰"多少岁,阴历每五年有两个闰月,活到一百岁,有四十个闰月,折合可得三年零四个月,亲友就认为他的岁数是一百零三岁又四个月。这都是为了尊敬死者。

如果死在青壮之年,一般用"得年"多少岁,或"在世"多少年。

夫人李氏。子男瓌,不仕;璋,真州司户参军;琦,太庙斋郎;琳,进士。女子五人,已嫁二人,进士周奉先,泰州泰兴令陶舜元。

家属遗族很重要,"无后为大"。后代及后代有成就,或女儿嫁了好丈夫,证明死者的德行足以荫庇子孙。所以古人论婚嫁非常重视对方的门第。

司户参军,掌一县户籍赋税。

以上是墓志,下面是铭:

铭曰:"有拔提拔**而起**起用**之,莫挤**排挤**而止**阻碍**之。呜呼许君,而已于斯!谁或使之?"**

志为散文,铭为韵文。

"而已于斯",就是于斯而已,这样就完了。

许君而已于斯!这句铭文再一次证明王安石不能认识

小人物的贡献,有失作铭的本旨。柳宗元能从种树的工人那里领悟治民养人之术,直追庄子的庖丁解牛,我们要学习。

"谁或使之?"今天我们可以理解,出路如攀金字塔,越高空间越小,无法使所有的"有志者"一一"竟成",即使同样优秀,也难免一波一波淘汰,谁能留下,谁能更上层楼,有必然也有偶然。因此,每一种文化都作出设计,帮助人接受失败,并珍惜他能够拥有的。王安石写这篇墓志铭,舍弃了这个重要的成分,死者生者都不能得到安慰。

这篇墓志铭也是写一个人的生平,可以与《徐文长传》互相参看。王安石写的是正宗古文,朴素、含蓄、遒劲、阳刚。魏晋以后的文风辞藻华丽,叙事铺张,重声调韵律,以性情宣泄、感官满足见长。《泰州海陵县主簿许君墓志铭》是古文,读来如嚼干果,口感爽脆,咀嚼从容,心情平和。《吊古战场文》是骈文,读来如饮酒,点滴动腑穿肠,情绪波动,直到张力饱满。《徐文长传》受到骈文的影响,介乎两者之间,如莲子汤,饮中有咀嚼。

徐文长是名士,也是狂士,袁中郎写他,充满仰慕悼惜之情,抒情的成分很多。许主簿是一个小吏,没有什么建树,也没有嘉言懿行,为这样的人树碑立传,王安石写来,议论的成分居多,议论可以若有所指、另有所指,挥洒的空间就大了。大人物写小人物,尤其在阶级森严的社会,难为了他。

24. 韩愈：讳辩

这是一篇论说文。辩，针对明显的对手，重心在"破"。论，没有具体的对象，或只有潜在的对手，重心在"立"。

讳，忌讳，不能说，不能碰，不能做，隐藏起来。如成语"讳莫如深""讳疾忌医""虽有孝子贤孙不能为之讳也"。

中国传统有"为贤者讳"，公众敬仰的人，偶然犯错，不要揭穿，不要宣扬，要为社会留下好榜样；"为尊者讳"，长官、长辈，有威望，大家需要他领导，他偶然犯错，大家帮他遮掩，以免妨碍体制的正常运作；"为亲者讳"，兄弟姐妹夫妻，有共同的荣辱利害，必须维持和谐团结，有人偶然犯了过错，要体谅，要协助善后。

有人把"讳"分成讳行和讳名。讳行，不说人家的过失，《古文观止》收了马援的一篇文章，他告诫子侄："吾欲汝曹闻人过失，如闻父母之名，耳可得闻，口不可得言也。"子女不能直说父母的名字，臣民不可直说皇帝的名字，就是讳名。

臣民不可直说皇帝的名字，称为"国讳"。荀卿改孙卿，避汉宣帝讳。民部改户部，观世音改称观音，柳宗元《捕蛇者说》最后一句："以俟夫观人风者得焉。""人风"本来是"民风"，都是为了避唐太宗李世民的讳。王昭君改王明君，后来称明妃，建业（南京）改称建康，这些都是避"国讳"。

子女不能直说父母的名字，叫"家讳"，有学问的人说，太史公司马迁的父亲叫司马谈，《史记》中无"谈"字。直到今天，孝子为父亲办后事，发讣文，还要在他的父亲的名字前面加一个"讳"字，意思是，我本来不该说，现在不得不说，我只好犯讳了。

既然皇帝的名字不能说，父母的名字不能说，孔夫子的名字当然也不能说，这叫"圣讳"。孔子名丘，姓丘的人家因此改成姓邱。古人刻版印书，逢到"丘"字要缺一笔，表示我不敢用原来的那个字。

然后出现了"官讳"。县太爷的名字，那一县的人要避讳，刺史的名字，那一州的人要避讳，主人的名字，门下的人也要避讳。刺史的名字叫田登，在他治下，元宵节只能说"放火"，不能说放灯，于是产生了"只准州官放火，不许百姓点灯"。五代时，冯道的门客讲《道德经》，第一章："道可道，非常道。"门客在讲解时，就将这句改口为："不敢说，可不敢说，非常不敢说。"

韩愈的《讳辩》，就是议论这件事，他的重点在"名讳"。

愈与李贺书，劝贺举进士。贺举进士有名，与贺争名者毁之曰："贺父名晋肃，贺不举进士为是，劝之举者为非。"听者不察也，和 hè 而倡之，同然一辞，皇甫湜 shí 曰："若不明白，子与贺且得罪。"愈曰："然。"

李贺，中唐诗人，原籍河南。七岁能辞章。为人纤瘦，通眉，长指爪。艺术家的相。

李贺诗境诡异华丽，常用险韵奇字。不好懂，但给我们丰富的想象，所以我们仍然爱读，虽读来如坠五里雾中，也值得留恋。他描写音乐：云彩为之不流，声音如玉碎凤鸣，像荷花上的露珠那样圆润，又像香兰在微笑……诗人把月亮的幽光幻想成蟾、兔的泪水，把天空的云层描绘成琼楼玉宇。把明月在云雾中飘过说成是"玉轮轧露"，还有"呼龙耕烟种瑶草""羲和敲日玻璃声""忆君清泪如铅水"等名句。诗坛说"太白仙才，长吉鬼才"。也有易懂的诗句："我有迷魂招不得，雄鸡一声天下白。"仍然超出俗套，可助我们摆脱固定反应。诗文最忌陈陈相因、人云亦云，李贺的作风仍是我们今日的借鉴。

韩愈一向欣赏李贺，写信劝李贺考进士。李贺先去参加州县的考试，准备由州县选举而进献于朝廷，考试的成绩很好，取得进士资格的呼声很高。有人排斥他，说他的父亲叫晋肃，他考进士犯了父亲的名讳，很多人不明事理，随声附和。韩愈的学生皇甫湜说，如果李贺错了，老师也错了，李贺并没有错，老师应该出面说明。

先交代写这篇文章的缘由，表示："予岂好辩哉？予不得已也。"

子，男子的美称，第二人称代名词，可以指尊辈，如"子不语"。可以指平辈，如吾子、士子。有时也可以指下一辈，如舟子、二三子。韩愈对皇甫湜客气,让这个成了名的学生称他为"子",没摆老师的架子。

韩愈把李贺的敌人定性为争名者,没说他们是小人、嫉妒、好事之徒……批评那些响应附和的人"不察",没说他们愚昧无知,这是大家风范。

<u>律</u>《礼记》规定<u>曰:"二名</u>复名两个字<u>不偏</u>一个字<u>讳。"释之者曰:"谓若言'征'不称'在',言'在'不称'征'是也。"律曰:"不讳嫌</u>同音<u>名。"释之者曰:"谓若'禹'与'雨','邱'与'蓲'</u>qiū<u>之类是也。"今贺父名晋肃,贺举进士,为犯"二名律"乎?为犯"嫌名律"乎?</u>

《礼记》规定,尊长的名字如果是两个字,不用避讳其中一个字。解释的人说,孔子的母亲叫颜征在,孔子说过"文献不足征也","某在斯,某在斯",并不单独避讳"征"字或"在"字。《礼记》规定,不避讳声音相近的字。解释的人说,如果尊长叫"禹",不用避讳"雨",如果尊长叫"邱",不必避讳"蓲"。

李贺的父亲叫晋肃,李贺去考进士,不是去考"晋肃","进士"和"晋肃"只有一个字同音,可以不避讳,符合《礼记》的规定。

《礼记》是儒家经典,行为准则,引用《礼记》来支持李贺,这种办法叫"诉诸权威"。用质问的语气,采取攻势,咄咄逼人。

父名晋肃,子不得举进士,若父名"仁",子不得为人乎?

就"嫌名"设问,陷对方于两难之间。如果对方回答"父名仁,子可以为人",等于承认"父名晋肃,子可以举进士",失败;如果对方回答"父名仁,子不可以为人",这是无理取闹,也失败。

把对方所设原则无限扩大,显示他的原则不周延,不能成立。"多难兴邦",为什么许多国家会灭亡?"压力越大,反抗力越大",为什么骆驼会被压死?"人多好做活",如果十人工作,百日可建一房,那么百人工作,十日可建一房?千人工作,一日可建一房?万人工作,两个半小时可建一房？

梁启超当年曾说"天下无绝对之自由，亦无绝对之不自由"。即是把"自由"无限扩大，指出此一主张的缺点。

夫讳始于何时？作法制以教天下者，非周公、孔子欤？周公作诗不讳，孔子不偏讳二名，《春秋》不讥不讳嫌名，康王钊之孙实为昭王，曾参之父名晳，曾子不讳"昔"。

文王名昌，武王名发，周公的诗中有"克昌厥后""骏发尔私"。《春秋》谨严，一字褒贬严于斧钺，未批评康王钊之子为昭王。曾子是出了名的孝子，他的父亲叫"晳"，他没有避讳"昔"。

以上为"不避嫌名"举证，支持李贺考进士。

写议论文必须能举证。推理不是证据，联想不是证据，怀疑不是证据，比喻不是证据，文学作品不是证据。

周之时有骐期，汉之时有杜度，此其子宜如何讳？将讳其嫌，遂讳其姓乎？将不讳其嫌者乎？

继续强调不讳嫌名。

"父名仁,子不可以为人乎?"为逻辑上不可讳。"周之时有骐期,汉之时有杜度,此其子宜如何讳?"为事实上不能讳。

论辩时,逻辑是很重要的武器。例如说,上帝无所不能,但上帝不能自杀,因为上帝永生。这就是逻辑上的不可能。

皇帝求长生不死之药,一大臣献计,全国普查,找出哪一个家庭从来没有人死亡,他必有此药。皇帝听了,默然作罢。这是从逻辑上使皇帝觉悟根本没有这种药。

汉讳武帝名"彻"为"通",不闻又讳车辙之"辙"为某字也;讳吕后名"雉"为"野鸡",不闻又讳治天下之"治"为某字也。今上章及诏,不闻讳"浒""势""秉""机"也。

汉武帝叫刘彻,为了避讳,把彻侯改为通侯,吕后叫雉,为了避讳,把雉改成野鸡,到此为止,没有扩大。

唐太祖名虎,太宗名世民,世祖名昺,玄宗名隆基,没听说要避讳同音的浒、势、秉、机。犯国讳是非常严重的罪行，哪些字不能用，天下皆知，尤其在朝为官的人，绝对保持高度警觉，没听说有这些忌讳，那就表示没有。韩愈不断言没有，也是行文的技巧，增加抑扬变化。今天的白话文也常常有这样的句子："有这件事吗？我不知道；如果有，请告诉我。"

这一段是说，即使要避同音字，范围也很小，不能扩大到"晋肃"和"进士"，中国的同音字这样多，任意扩大避嫌将造成混乱和瘫痪。

惟宦者宫妾，乃不敢言"谕"及"机"，以为触犯。

唐代宗名豫，谕和豫同音。

只有那些做奴才的，千方百计缩小自己，本来没有这个规矩，他自己给自己立很多规矩，唯恐做奴才做得不足。韩愈这话够狠，这叫"辣手著文章"，为的是"铁肩担道义"，他觉得对李贺有道义上的责任。

贬低过度守讳者的身份，以示不足取法。

士君子立言行事，宜何所法守也？今考之于

经,质之于律,稽之以国家之典,贺举进士为可耶,为不可耶?

读书人希圣希贤,圣贤跟宦官、宫女之间有很大的差距,圣贤避讳到什么程度,我们就避到什么程度,而不是宦官、宫女避讳到什么程度,我们也要到那个程度。

考之于经,质之于律,稽之以国家之典,韩愈作一回顾,结论已经确立。但韩愈设问,要对方回答,这是逼对方在他画的棋盘上依他定的规则下棋,对方已无法逃出韩愈的逻辑,只有缄默,缄默就是承认失败。

凡事父母得如曾参 shēn,可以无讥矣。作人得如周公、孔子,亦可以止矣。今世之士,不务行曾参、周公、孔子之行,而讳亲之名,则务胜于曾参、周公、孔子,亦见其惑也。

做人子做到曾参那个样子,可以不受批评了吧;做人做到像周公、孔子那个样子,也可以得个满分了吧。现在做人不去学曾参、周公、孔子,只有在避讳的时候一心超过曾参、周公、孔子,可见他们都迷路了!

圣贤教人顾大体,"先立其大者,则其小者不能夺也"。但世人不能立其大者拘其小,做官不能抓政务者抓事务,写文章不如人家强调人家的印刷不好,批评美女说她不会炒菜。

夫周公、孔子、曾参 shēn 卒不可胜;胜周公、孔子、曾参,乃比于宦者宫妾;则是宦者宫妾之孝于其亲,贤于周公、孔子、曾参者耶?

韩愈这段话有三个转折:一、周公、孔子、曾参的德行,到底难以胜过;二、要想显得自己比周公、孔子、曾参更胜一筹,居然去学宦官、宫妾的避讳;三、圣贤避父母的名讳、出于真诚的孝心,宦者、宫妾避讳,在很大的程度上是遵守外在的形式,难道形式上超过就是德行上超过吗?

韩愈把对方所"立"者打乱,重新组织起来,产生"破"的效果,这种写法,对白话文学产生很大的影响,鲁迅做得更多更好。韩愈穷追猛打的战术,对后来的白话文作家也有启发。

韩公学问大,材料多,此辩随手插花,稍嫌杂乱,我们替他整理一下,他要说的是:

律不讳者,行亦不讳。

古人不讳者,今人亦不讳。

圣贤不讳者,常人亦不讳。

君主不讳者,百姓亦不讳。

逻辑不能讳者,理论亦不设讳。

事实不可讳者,行为亦不必讳。

如果今人写论文,大概会列出大纲来,把材料归类纳入(那样,文章也许没有这样灵活)。

从前《讳辩》是生活教材,推广了有关"讳"的知识,从而学习如何不犯讳。汉唐以后,避讳的规定越来越严格,犯讳的后果越来越严重。到了清代,可能严重到杀头抄家。现在学习是为了吸收辩论技巧,避讳已无关紧要。

韩公做文章虽然精彩,没能改变官署的态度,李贺来考进士,依然不准他报名。据说,元稹从中破坏。元稹也是有名的诗人,当年曾经希望结识李贺,李贺年轻气盛,拒绝见面,因而结怨。后来元稹在京做官,有些朋友,念出"父为晋肃,子不得举进士"的咒语,报仇雪恨。

假如这是真的,韩公要帮李贺,写文章不如请元稹喝茶。如果韩公姿态高,那就干脆给皇帝上奏章。韩公当时的修为,单凭一声咳嗽不能把这件事摆平,说不定还有反效果。

李贺中不了进士,终生不得志,只能做小官,做幕僚。作诗倒是一把手,是经常骑着驴子出游,在驴背上苦吟,一个小僮背着布袋,跟在旁边,李贺想到句子,随手写下来丢在布袋里,晚上回家,从口袋里倒出来,一首一首完成,"吟诗一夜东方白"。他的母亲告诉人家,这孩子要呕出心肝才停止。天才如彗星,二十七岁就病逝了,比济慈多一岁,比雪莱少一岁。据说他死前有个穿红衣服的人进来,手持一块板,上面写着古篆。红衣人告诉李贺:天帝召你去写文章。

参考资料

感谢下列书刊的著述者和出版者：

谢冰莹、邱燮友八位教授注译：《古文观止》

刘亚平主编：《古文观止》

宋涛主编：《古文观止》

张雨楼编著《新译古文观止》

傅乐成著《中国通史》

郭维森、包景诚译注《陶渊明集》

黄清泉、陈全得：《骆宾王文集新译》

钟来茵著：《苏东坡三部曲》

周启成、周维德注译《昌黎先生文集》

卞孝萱、朱崇才注译《柳宗元文选》

吕晴飞主编《散文欣赏》

王国璎著《陶渊明论析》

姜涛主编:《中国文学欣赏全集》

李清泉《项羽年谱》

《中国成语大辞典》

《汉典》

《重编国语辞典》

《汉语辞典》

《辞海》

维基网站

百度网站

王鼎钧作品系列（第二辑）

开放的人生（人生四书之一）

本书讲做人的基本修养。如何做人？这个问题很"大"。本书用"小"来作答，如春风化雨，通过角度、布局、笔法各各不同的精彩短章，探悉人生的困惑，以细致入微的体察和智慧的省思，带给人开放、积极而平和的人生态度。

人生试金石（人生四书之二）

人生并不完全是一个"舒适圈"。由家庭到学校，再由学校到社会，成长要经历一个又一个挫折和失望。本书设想年轻人在逐渐长大以后，完全独立以前，有一段什么样的历程。对它了解越多，伤害就越小；得到的营养越丰富，你的精神就越壮大。

我们现代人（人生四书之三）

在传统淡出、现代降临之后，应该怎样适应新的环境和规则，怎样看待传统的缺陷？哪些要坚持？哪些要放弃？哪些要融合？现代人需要怎样的标准和条件，才能坚忍、快乐、充满信心地生活？作者将经验和思索加以过滤提炼，集成一本现代人的安身立命之书。

黑暗圣经（人生四书之四）

这是一本真正的悲悯之书——虚伪、狡诈、贪婪、残忍，以怨报德，人性之恶展现无遗，刺人心魄。但是，"当好人碰上坏人时，怎么办？"，这才是"人生第四书"的核心问题。它要人明了人之本性，懂得如何守住底线，趋吉避凶。而且断定，即便有文化的制约，道德也是永远不散的"筵席"。

作文七巧（作文五书之一）

世界上优秀的作品都需要性情和技术相辅相成，性情是不学而能的，是莫之而至的，人的天性和生活激荡自然产生作品的内容，技术部分则靠人力修为。——基于这样的认知，作者将直叙、倒叙、抒情、描写、归纳、演绎、综合汇成"作文七巧"，以具体实际的程式和方法，为习作者提供作文的捷径。

作文十九问（作文五书之二）

"作文一定要起承转合吗？""如何立意？""什么才是恰当的比喻？""怎样发现和运用材料？"……本书发掘十九个问题，以问答的形式，丰富的举例，解答学习作文的困惑。其中有方法和技巧，更有人生的经验和识见。

文学种子（作文五书之三）

如何领会文学创作要旨？本书从语言、字、句、语文功能、意象、题材来源、散文、小说、剧本、诗歌，以及人生与文学的关系等角度，条分缕析，精妙点明作家应有的素养和必备的技艺，迎接你由教室走向文坛。

讲理（作文五书之四）

本书给出议论文写作的关键步骤：建立是非论断的骨架——为论断找到有力的证据——配合启发思想的小故事、权威的话、诗句，必要的时候使用描写、比喻，偶尔用反问和感叹的语气等——使议论文写作有章可循，不啻为研习者的路标。而书中丰富的事例，也是台湾社会发展的一面镜子。

《古文观止》化读（作文五书之五）

作者化读《古文观止》经典名篇，首先把字义、句法、典故、写作者的知识背景、境况、写作缘由等解释清楚，使文言文的字面意思晓白无误，写作者的思想主旨凸显。在此基础上推进，分析文章的谋篇布局、修辞技巧、论证逻辑、风格气势等，使读者能对文章的优长从总体上加以把握、体会。最后再进一步，能以博学和自身的人生境界修为出入古人的精神世界，甚至与古人的心灵对话，此尤为其独到之处。